Testbuch

Mit Erfolg zum
Goethe-/ÖSD-Zertifikat B1

von

Hans-Jürgen Hantschel
Britta Weber

 Alles Digitale zu diesem Buch kann auf der Lernplattform
allango von Ernst Klett Sprachen abgerufen werden. So geht's:

 QR-Code scannen | Buchtitel oder ISBN in | Zum Inhalt navigieren,
oder **www.allango.net** | der Suche eingeben und | direkt abrufen
aufrufen | auf das Buchcover klicken | oder speichern

Zu diesem Buch auf allango verfügbar: **Audios**

Ernst Klett Sprachen
Stuttgart

Mit Erfolg zum
Goethe-/ÖSD-Zertifikat B1
Testbuch

Hans-Jürgen Hantschel
Britta Weber

1. Auflage   13 | 2025

Alle Drucke dieser Auflage sind unverändert und können im Unterricht nebeneinander verwendet werden.
Die letzte Zahl bezeichnet das Jahr des Druckes. Das Werk und seine Teile sind urheberrechtlich geschützt.
Jede Nutzung in anderen als den gesetzlich zugelassenen Fällen bedarf der vorherigen schriftlichen Einwilligung
des Verlags.

Redaktion: Dr. Katharina Theml, Büro Z, Wiesbaden
Layoutkonzeption: Anastasia Raftaki, Jasmina Car, Barcelona
Herstellung: Anastasia Raftaki
Gestaltung und Satz: Jasmina Car, Barcelona
Illustrationen: Jani Spennhoff, Barcelona
Umschlaggestaltung: Claudia Stumpfe
Druck und Bindung: Salzland Druck, Staßfurt

Printed in Germany
ISBN 978-3-12-675851-2

Inhalt

Vorwort

Dieses Testbuch „Mit Erfolg zum Goethe- / ÖSD-Zertifikat B1" soll Sie bei der Vorbereitung auf die neu konzipierte B1-Prüfung „Zertifikat B1" unterstützen. Es ist sowohl zum Selbststudium als auch für die Prüfungsvorbereitung im Rahmen von Sprachkursen geeignet.

Die Prüfung wurde gemeinsam vom Goethe-Institut (Deutschland), dem Österreichischen Sprachdiplom Deutsch (ÖSD) und dem Lern- und Forschungszentrum Fremdsprachen der Universität Fribourg (Schweiz) entwickelt. Sie können die Prüfung an einem Prüfungszentrum des Goethe-Instituts (Goethe-Zertifikat B1) oder an einem Zentrum des ÖSD (ÖSD Zertifikat B1) ablegen. Die Prüfung richtet sich sowohl an erwachsene als auch an jugendliche Deutschlerner. Für Teilnehmende an den Modulen für Erwachsene gilt ein Mindestalter von 16 Jahren; für Jugendliche zwischen 12 und 16 Jahren steht eine Jugendvariante zur Verfügung.

Im vorliegenden Testbuch finden Sie vier Modelltests, mit denen Sie gezielt üben und die Prüfung simulieren können. In den Tests kommen alle prüfungsrelevanten Themen vor, so dass Sie neben dem Prüfungsformat auch den nötigen Wortschatz kennen lernen. Alle Tests entsprechen dem Umfang einer Originalprüfung. Sie üben also gleichzeitig auch, die Prüfungsaufgaben in der dafür vorgesehenen Zeit zu lösen. Die jeweiligen Zeitangaben finden Sie bei den Aufgaben.

Viel Erfolg bei der Prüfung wünschen Ihnen

die Autoren und der Verlag

Die Prüfung

Die Prüfung „Zertifikat B1" besteht aus vier Teilen: einer schriftlichen Gruppenprüfung zum Lesen, Hören und Schreiben und einer mündlichen Prüfung, die in der Regel als Paarprüfung, in Einzelfällen als Einzelprüfung durchgeführt wird.
Sie können jeden Prüfungsteil einzeln oder in jeder Kombination an einem Prüfungstag ablegen. Nicht bestandene Module können innerhalb eines Jahres beliebig oft wiederholt werden.

Was wird geprüft?

	Lesen 65 Minuten	Aufgaben
Teil 1	In einem Blogbeitrag die Hauptaussagen und Einzelheiten verstehen	6
Teil 2	In zwei Kurztexten aus Zeitungen oder Zeitschriften die Hauptaussagen und Einzelheiten verstehen	6
Teil 3	Zu konkreten Situationen passende Anzeigen finden	7
Teil 4	In kurzen Leserbriefen die Meinung erkennen	7
Teil 5	In Anweisungen wichtige Einzelheiten verstehen	4
	Hören circa 40 Minuten	Aufgaben
Teil 1	Ansagen, Durchsagen, Radionachrichten verstehen	10
Teil 2	Einen Vortrag verstehen	5
Teil 3	Ein Gespräch verstehen	7
Teil 4	Eine Diskussion im Radio verfolgen	8
	Schreiben 60 Minuten	Aufgaben
Teil 1	Eine persönliche E-Mail schreiben	1
Teil 2	In einem Forumsbeitrag oder Gästebucheintrag die eigene Meinung äußern	1
Teil 3	Eine halbformelle E-Mail schreiben	1
	Sprechen (Paarprüfung) 15 Minuten	Aufgaben
Teil 1	Gemeinsam etwas planen	1
Teil 2	Ein Thema präsentieren	1
Teil 3	Über das Thema sprechen (Fragen stellen, Fragen beantworten und Feedback geben)	1

Vorwort

Bewertung

In jedem Modul sind maximal 100 Punkte erreichbar. Ein Modul ist bestanden, wenn 60 Punkte bzw. 60 Prozent erreicht sind.

Nach bestandener Prüfung erhalten Sie eine Zeugnisurkunde mit dem Nachweis Ihrer Prüfungsergebnisse. Das Zeugnis weist die in jedem Modul erreichte Punktzahl aus. Das Ergebnis pro Modul ist folgendermaßen zu interpretieren:

	Punkte = Prozent
Sehr gut	100 – 90
Gut	89 – 80
Befriedigend	79 – 70
Ausreichend	69 – 60

Für die Module *Lesen* und *Hören* wird die Stufe B1 bestätigt, wenn die Teilnehmenden mindestens 18 von 30 Aufgaben richtig gelöst haben. Für die Module *Schreiben* und *Sprechen* müssen mindestens 60 Prozent der möglichen Punktzahl erreicht sein, damit die Stufe B1 bestätigt werden kann.

Tipps zur Vorbereitung

Lesen
Dank des Internets stehen Ihnen überall auf der Welt sämtliche Textsorten der Prüfung zur Verfügung. Lesen Sie regelmäßig Blog- und Forumsbeiträge, Kommentare und kürzere Zeitungsartikel. Lesen Sie immer zuerst ohne Wörterbuch und versuchen Sie zu verstehen, worum es in den Texten allgemein geht. Danach können Sie sich wichtige Wörter notieren und lernen.

Hören
Hören Sie so oft wie möglich Sendungen im Radio und schauen Sie deutsche, österreichische und schweizerische Sendungen im Fernsehen.

Schreiben
Schreiben ist eine Frage der Übung. Wenn Sie an einem Deutschkurs teilnehmen, schreiben Sie regelmäßig kürzere Texte, wie sie in der Prüfung verlangt werden, und bitten Sie Ihren Kursleiter, diese zu korrigieren.

Sprechen
Auch Sprechen ist eine Frage der Übung: Je mehr Sie sprechen, desto leichter wird es.
Kontakt zu Deutschsprechenden wäre hier natürlich am besten. Auf jeden Fall aber sollten Sie im Deutschkurs konsequent nur Deutsch sprechen.

Ein umfassendes Trainingsprogramm mit weiteren Tipps zur Vorbereitung bietet Ihnen das Übungsbuch „Mit Erfolg zum Goethe / ÖSD-Zertifikat B1".

Weitere Informationen zur Prüfung finden Sie auch unter www.goethe.de sowie www.osd.at.

Modelltest 1

Lesen
65 Minuten

Das Modul *Lesen* hat fünf Teile.

Sie lesen mehrere Texte und lösen Aufgaben dazu. Sie können mit jeder Aufgabe beginnen. Für jede Aufgabe gibt es nur eine richtige Lösung.

Vergessen Sie bitte nicht, Ihre Lösungen innerhalb der Prüfungszeit auf den **Antwortbogen** zu schreiben.

Bitte schreiben Sie deutlich und verwenden Sie keinen Bleistift.

Hilfsmittel wie z.B. Wörterbücher oder Mobiltelefone sind nicht erlaubt.

Modelltest 1

Teil 1 Arbeitszeit: 10 Minuten

Lesen Sie den Text und die Aufgaben 1 bis 6 dazu.
Wählen Sie: Sind die Aussagen Richtig oder Falsch ?

Roberts Blog

Freitag, den 13. Juli

Alle, die mich kennen, wissen, dass ich nur sehr ungern zu spät zu einem Termin komme. Das hat vielleicht auch etwas mit meiner Erziehung zu tun, denn es wird ja allgemein behauptet, dass wir Deutschen sehr großen Wert auf Pünktlichkeit legen. Umso mehr ärgert es mich natürlich, wenn ich zu spät ins Büro komme, obwohl es gar nicht meine Schuld ist. So wie gestern Morgen: Ich nehme die S-Bahn – wie jeden Morgen um 7.45 Uhr. Der Zug kommt mit fünf Minuten Verspätung. Das ist nicht weiter schlimm, daran sind wir in Berlin schon gewöhnt. Doch nach 10 Minuten Fahrt bleibt der Zug plötzlich kurz nach dem Bahnhof Zoologischer Garten stehen. In den nächsten 15 Minuten passiert nichts: Keine Durchsage, was sehr ärgerlich ist, denn wir Fahrgäste wollen doch wissen, warum es nicht weiter geht. Der Zug fährt weder vor noch zurück. Keiner der Fahrkartenkontrolleure ist zu sehen, obwohl sie sonst um diese Uhrzeit oft kommen, um sich die Fahrkarten zeigen zu lassen. Nach einer dreiviertel Stunde geht es schließlich weiter. Die Konsequenz: Anschlussbus weg, warten auf den nächsten, der steckt im Stau fest und hat auch Verspätung. Über eineinhalb Stunden beträgt meine Verspätung bei meiner Ankunft am Arbeitsplatz. Ich war sehr sauer.
Heute lese ich in der Zeitung den Grund für den langen Stopp der S-Bahn: Ein Hund ging auf den Gleisen spazieren und stoppte damit den gesamten Zugverkehr auf der wichtigen Stadtbahnstrecke. Die Polizei versuchte den Hund zu fangen, der aber lief den Polizeibeamten immer wieder weg und schien sich einen Spaß daraus zu machen. Erst der Hundebesitzerin, die von der Polizei an den Ort des Geschehens gebracht wurde, gelang es, ihren Vierbeiner zu sich zu holen. Ich hoffe, dass die Hundebesitzerin eine gute Versicherung hat, die die Kosten für die Polizeiaktion und für die Folgen der Verspätung bezahlt. Das wird sonst für sie ein teurer Spaß.

Euer Robert

Beispiel

0 Robert möchte möglichst immer pünktlich sein. ~~Richtig~~ Falsch

1 Es war nicht Roberts Schuld, dass er zu spät ins Büro gekommen ist. Richtig Falsch

2 Die Fahrgäste wurden über den Grund des S-Bahn-Stopps informiert. Richtig Falsch

3 Normalerweise werden am Morgen in der S-Bahn oft die Fahrkarten kontrolliert. Richtig Falsch

4 Der Zug wurde von einem Hund aufgehalten. Richtig Falsch

5 Die Polizei konnte das Tier nicht fangen. Richtig Falsch

6 Die Tierbesitzerin muss auf jeden Fall eine hohe Strafe bezahlen. Richtig Falsch

Modelltest 1

Lesen

Teil 2   Arbeitszeit: 20 Minuten

Lesen Sie den Text aus der Presse und die Aufgaben 7 bis 9 dazu.
Wählen Sie bei jeder Aufgabe die richtige Lösung a , b oder c .

Facebook macht unzufrieden und einsam

Nach einer Untersuchung der Technischen Universität Darmstadt kann die Nutzung sozialer Netzwerke wie z. B. Facebook unzufrieden und einsam machen.
Nach einer Umfrage unter 600 Personen, die regelmäßig längere Zeit für ihre sozialen Kontakte im Internet verbringen, stellten die Forscher fest, dass zahlreiche Personen sich nach dem Ende ihrer Teilnahme an einem sozialen Netzwerk schlecht fühlen. Die Forscher nennen als mögliche Ursache: Jeder stellt sich selbst im Internetnetzwerk möglichst positiv dar. Positive Erlebnisse werden viel öfter gezeigt als negative. Schlechte Nachrichten, die im wirklichen Leben vorkommen, stellt man nicht ins Netz. Dabei kann der Eindruck entstehen, dass andere ein besseres und vor allem interessanteres Leben führen als man selbst, und dies führt zu schlechten Gefühlen. Hinzu kommt, dass viele Leute, die lange Zeit im Internet verbringen, oft keine oder zu wenige Freunde im wirklichen Leben haben.
Daher empfehlen die Forscher, lieber aus dem Haus zu gehen und sich mit anderen Leuten in einer Kneipe zu treffen oder noch besser mit anderen spazieren zu gehen oder etwas gemeinsam zu unternehmen.

Aus einer deutschen Zeitung

Beispiel

0   Forscher der Technischen Universität Darmstadt haben ...

☒   Nutzer von sozialen Netzwerken nach ihren Erfahrungen gefragt.

 b   viel Zeit im Internet für ihre Forschung verbracht.

 c   zahlreiche unzufriedene Menschen interviewt.

---

7   In diesem Text geht es um ...

 a   die Ursache für schlechte Gefühle.

 b   eine Studie über einsame Menschen.

 c   eine Untersuchung über soziale Netzwerke.

8   Jeder Nutzer eines sozialen Netzwerks ...

 a   erlebt viele interessante Dinge.

 b   stellt sein wirkliches Leben vor.

 c   zeigt nur seine besten Seiten.

9   Forscher haben vorgeschlagen, ...

 a   freie Zeit lieber mit anderen Menschen zu verbringen.

 b   keine Internetfreundschaften zu pflegen.

 c   körperlich aktiver zu sein.

Lesen Sie den Text aus der Presse und die Aufgaben 10 bis 12 dazu.
Wählen Sie bei jeder Aufgabe die richtige Lösung [a], [b] oder [c].

Erfolg für Wiener Tourismus

Tourismusmanager in Wien haben einen Grund zur Freude: Mit über 12 Millionen Übernachtungen schaffte die österreichische Hauptstadt ihr in diesem Bereich bisher bestes Ergebnis. Vier Fünftel der Wien-Touristen kamen aus dem Ausland: Die meisten sind Deutsche und Italiener. Den dritten Platz nehmen seit Kurzem die Reisenden aus Russland ein.

Beliebt ist Wien nicht nur wegen seiner zahlreichen kulturellen Einrichtungen: Schlösser, Museen, Opern- und Konzertveranstaltungen sind nach wie vor sehr attraktiv. Auch als Einkaufsstadt ist Wien heuer interessant. Die Zeiten sind vorbei, in denen man in Wien nach traditioneller alpenländischer Kleidung suchte. Heute kann man das Angebot sogar mit dem von Paris oder London vergleichen. Auch die Küche ist mit ihren Gerichten und Süßspeisen äußerst beliebt. Doch es gibt einen weiteren Grund, warum immer mehr Leute in die österreichische Hauptstadt in Urlaub fahren. Tourismusfachleute haben bei den Urlaubern aus aller Welt nachgefragt, und diese nennen die Sicherheit und die Sauberkeit in der Stadt. Wien hat nämlich im Gegensatz zu Riesenmetropolen wie New York, London oder Paris einen großen Vorteil: Es ist immer noch gemütlich und überschaubar.

Aus einer österreichischen Tageszeitung

10 In diesem Text geht es um . . .

a die Herkunftsorte der meisten Wiener Touristen.

b die verschiedenen Gründe für einen Urlaub in Wien.

c die Unterschiede zwischen den Bewohnern von Wien und anderen Städten.

11 In Wiener Geschäften findet man . . .

a eine große und modische Kleiderauswahl.

b hauptsächlich traditionelle Kleidung zum Anziehen.

c viele leckere Speisen aus Österreich.

12 Vielen Touristen gefällt es, . . .

a dass Wien weder gefährlich noch schmutzig ist.

b dass sie in Wien einen bequemen Aufenthalt haben.

c dass Wien anderen Großstädten der Welt ähnlich ist.

Modelltest 1

Lesen

Teil 3   Arbeitszeit: 10 Minuten

Lesen Sie die Situationen 13 bis 19 und die Anzeigen A bis J aus verschiedenen deutschsprachigen Medien. Wählen Sie: Welche Anzeige passt zu welcher Situation? Sie können **jede Anzeige nur einmal** verwenden. Die Anzeige aus dem Beispiel können Sie nicht mehr verwenden. Für eine Situation gibt es **keine passende Anzeige**. In diesem Fall schreiben Sie **0**.

Sie und einige Ihrer Kolleginnen und Kollegen möchten einen Ausflug in die Schweiz machen und suchen dafür passende Möglichkeiten.

> **Beispiel**
>
> **0**   Mona möchte einen Reitkurs besuchen.   Anzeige: b

13   Ricardo möchte auch bei schlechtem Wetter Sport treiben.   Anzeige: ....

14   Carlos besucht gern ungewöhnliche Restaurants.   Anzeige: ....

15   Anna ist eine begeisterte Wassersportlerin und möchte etwas Besonderes erleben.   Anzeige: ....

16   Guido möchte an einem Reitwettbewerb teilnehmen und möglichst gewinnen.   Anzeige: ....

17   Xenia möchte mehr über Schweizer Spezialitäten erfahren.   Anzeige: ....

18   Corinna möchte einen Ausflug in die Berge machen, sich aber dabei nicht anstrengen.   Anzeige: ....

19   Chiara würde gern einmal in einem Film mitspielen.   Anzeige: ....

---

a	**Essen im Dunkeln**

Schmecken Speisen im Dunkeln intensiver? Finden Sie es heraus.

- Essen im Restaurant „Experiment" in Zürich-Altstetten
- 2 Übernachtungen im 3-Sterne-Hotel in Zürich
- Ein Menü, das alle Sinne anregt – auch wenn Sie nichts sehen!

www.experiment.ch

---

b	**Reiten in Bad Ragaz**

Lernen Sie reiten – oder erweitern Sie Ihre Reitkenntnisse.
Einwöchiger Reitunterricht von erfahrenen Reitlehrern.
Unterkunft auf dem Reiterhof mit Vollpension.
Das ideale Abenteuer für den Pferdefreund.

www.reiten-in-ragaz.ch

c Indoor-Klettern

im Sportzentrum Zweisimmen
– Klettern wie in den Alpen
– Erlernen typischer Klettertechniken
– völlig unabhängig vom Wetter
– Besuch täglich von 15–20 Uhr

www.seilpark.ch

d Filmstar für einen Tag

Die Stars sind Sie und Ihre Freunde oder Ihre Familie.

Mit Hilfe von Profis erfahren Sie, wie man
– eine Geschichte ausdenkt & plant
– Kostüme aussucht & Schauspieler schminkt
– selbst vor der Kamera steht und spielt.

Eintägige Veranstaltung, Ort: Filmhaus Basel

www.filmhaus-basel.ch

e Nichts als Käse

Ein Abend für Käsefreunde in Bern

Genießen Sie echte Schweizer Käsespezialitäten.

Erfahren Sie, wie Käse hergestellt wird und welche „Begleitung" für welchen Käse am besten ist.

www.kaese-in-bern.ch

f Mit dem Elektrovelo in die Berge

Einschalten und losfahren: Mit dem Rad bis auf fast 2000 Meter Höhe –
ohne zu schwitzen und ohne sich anzustrengen.

Start täglich in Langnau / Emmental

www.e-velo-touren.ch

g Pferderennen live
Großer Preis der Stadt Zürich
Erlebnis für die ganze Familie
Wundervolle Pferde, spannender Sport
20. April, Start 10 Uhr
Pferderennbahn Zürich
www.pferderennen.ch

h Erste Schweizer Kinotour

Einwöchige Rundreise durch verschiedene Programmkinos

in Basel, Zürich, St. Gallen, Winterthur und Bern.
Mit aktuellen Filmproduktionen von Schweizer Filmemachern.

Start: 1. Juni in Basel
Unterkunft mit Vollpension in 4-Sterne-Hotels

www.kinotour.ch

i 3 Tage Wandern zur Rheinquelle am Tomasee

Fahrt mit dem Glacier-Express von Zermatt nach Sedrun
Übernachtung in traditionellen Hotels und in Berghütten
Geführte Wanderung zur Rheinquelle und zurück

www.rheinquelle.ch

j Mit dem Boot auf dem jungen Rhein

- Bootsfahrt von Ilanz nach Versam
- Ausstattung mit passender Kleidung
- Einführung in die notwendigen Bootstechniken

www.jungrhein.ch

Modelltest 1

Lesen

Teil 4   Arbeitszeit: 15 Minuten

Lesen Sie die Texte 20 bis 26. Wählen Sie: Ist die Person **für ein Verbot**?

In einer Zeitschrift lesen Sie Kommentare zu einem Artikel über ein Radfahrverbot im Neustädter Stadtpark.

Beispiel
0 Helga | Ja | ~~Nein~~ |

20 Julia	Ja	Nein		24 Indira	Ja	Nein
21 Oskar	Ja	Nein		25 Thomas	Ja	Nein
22 Nadine	Ja	Nein		26 Marie	Ja	Nein
23 Lutz	Ja	Nein

Leserbriefe

Beispiel Der Stadtpark ist für alle da. So jedenfalls sollte man meinen. Es gibt aber immer ein paar Leute, die sich über dies und das beschweren müssen. Im Moment versuchen sie über die Politiker unserer Stadt zu erreichen, dass man im Stadtpark nicht mehr Rad fahren darf. Wem hilft diese Regelung? Den wenigen alten Leutchen, die Angst vor den Radlern haben? Es gibt doch Platz für alle!

Helga, 41 Jahre

20 Fahrradfahren wird immer gefährlicher. Denn viele Autofahrer nehmen gar keine Rücksicht mehr auf Radfahrer. Eine vernünftige Verkehrspolitik für Radfahrer sorgt dafür, sie dort fahren zu lassen, wo es ungefährlicher ist. Daher brauchen wir Radwege auch durch den Stadtpark.

Julia, 23 Jahre

21 Das ist eine super Idee! Die Radfahrer machen sowieso schon, was sie wollen, und dann sollen sie auch noch im Stadtpark die Fußgänger ärgern dürfen? Man hat ja dann im Stadtpark überhaupt keine Ruhe mehr und muss ständig Angst haben, umgefahren zu werden. Der Stadtpark ist für Spaziergänger.

Oskar, 68 Jahre

22 Für Eltern mit kleinen Kindern ist der Stadtpark eigentlich ein idealer Aufenthaltsort. Denn dort können die Kleinen gefahrlos herumtollen und spielen. Wenn nur die zahlreichen Radfahrer nicht wären. Denn die schauen nicht auf die Kinder. Für sie ist es nur wichtig, schnell und ohne störenden Autoverkehr voranzukommen. Deshalb bin ich dafür, das Radfahren im Park nicht mehr zu erlauben.

Nadine, 28 Jahre

23 Was darf man in diesem Land überhaupt noch tun? Anstatt dass Radfahrer dafür belohnt werden, dass sie die Umwelt schützen und nicht mehr mit dem PKW fahren, tut man in unserer Stadt alles, um sie wieder zurück zum Autofahren zu zwingen. Warum soll man im Stadtpark nicht fahren dürfen? Es gibt doch genug Platz für alle.

Lutz, 30 Jahre

24 Neulich bin ich im Stadtpark mit meiner Freundin spazieren gegangen. Plötzlich kam von hinten ein lautes Klingeln, vermischt mit lauten Beschimpfungen. Ein Radfahrer raste an uns vorbei und war wohl sauer, weil er um uns herumfahren musste. Soll der Spazierweg im Park zur „Radautobahn" werden? Das darf nicht passieren!

Indira, 40 Jahre

25 Verbote sind manchmal wichtig. Aber nicht immer sind sie sinnvoll und hilfreich. Ist es wirklich unmöglich, dass Fußgänger und Radfahrer aufeinander Rücksicht nehmen und so gemeinsam die Wege durch unseren schönen Park nutzen? Die meisten Radfahrer wollen doch nur dem gefährlichen Straßenverkehr ausweichen und an der frischen Luft möglichst sportlich vorankommen.

Thomas, 48 Jahre

26 Ich bin selbst Radfahrerin und mich nervt es, wenn ich ständig auf Autofahrer achten muss, damit sie mich nicht umfahren. Sicher gibt es Leute, die verrückt sind nach hohen Geschwindigkeiten und die Radfahren mit Radrennen verwechseln. Das sind aber Ausnahmen. Für uns normale Radfahrer ist es auf Hauptverkehrsstraßen zu gefährlich. Daher benutzen wir die Wege durch den Park.

Marie, 19 Jahre

Modelltest 1

Lesen

Teil 5   Arbeitszeit: 10 Minuten

Lesen Sie die Aufgaben 27 bis 30 und den Text dazu.
Wählen Sie bei jeder Aufgabe die richtige Lösung a , b oder c .

Sie informieren sich in einem Ratgeber darüber, was man vor einem Vorstellungsgespräch bedenken sollte.

27 Sie sollten die Hinfahrt so planen, dass Sie ...

a	das Firmengelände vorher gut kennen.
b	nach dem Gespräch noch Zeit übrig haben.
c	vor dem Gespräch etwas Zeit übrig haben.

28 Für Ihr Aussehen ist es wichtig, dass Sie ...

a	auf jeden Fall dunkle Kleidung anziehen.
b	einen möglichst natürlichen Eindruck machen.
c	sich eine modische Frisur machen lassen.

29 Bei großen Firmen ist es gut, wenn Sie ...

a	kurz vor dem Gespräch noch eine Fremdsprache lernen.
b	möglichst viele höfliche Redewendungen verwenden.
c	auch Fragen auf Englisch beantworten können.

30 Vor dem Vorstellungsgespräch ...

a	denkt man sich ein Projekt aus, zu dem man passt.
b	soll man Informationen über die Firma sammeln.
c	soll man Filme über den möglichen Arbeitgeber anschauen.

Tipps fürs Vorstellungsgespräch

Informieren Sie sich

Vor dem Gesprächstermin sollten Sie sich über Ihren möglichen neuen Arbeitgeber informieren. Internetseiten oder Berichte in Fachzeitschriften geben Ihnen wertvolle Informationen. Achten Sie besonders auf Hinweise auf Projekte der Firma. Vielleicht haben Sie Qualifikationen, die zu einem der Projekte passen? Das wäre ein großer Vorteil für Sie.

Sprache und Auftreten

Große internationale Firmen legen Wert auf Mitarbeiter, die Fremdsprachen sprechen. Bereiten Sie sich auf jeden Fall darauf vor, dass Sie in Ihrem Vorstellungsgespräch möglicherweise sowohl Deutsch als auch Englisch sprechen müssen. Beachten Sie die Regeln für Höflichkeit. Sprechen Sie verständlich und weder zu schnell noch zu langsam. Halten Sie Blickkontakt.

Kleidung und Aussehen

Machen Sie sich darüber Gedanken, welche Kleidung für das Gespräch passend ist. Für manche Stellen ist der dunkle Anzug für Männer und das dezente Kostüm für Frauen ein „Muss". Auch Ihr Aussehen sollte zu der zukünftigen Arbeitsstelle passen. Gehen Sie am besten vor dem Vorstellungsgespräch zum Friseur. Ihr Aussehen sollte trotzdem so natürlich wie möglich sein, vermeiden Sie daher zu viel Make-up oder zu viel Schmuck.

Anreise

Planen Sie Ihre Reise zum Vorstellungsgespräch nicht zu knapp. Sie sollten genug Zeit übrig haben, wenn es auf der Autobahn einen Stau gibt oder der Zug Verspätung hat. Denken Sie daran, dass Sie vielleicht auf dem Firmengelände das richtige Gebäude finden müssen oder dass Sie durch eine Sicherheitskontrolle hindurchgehen müssen. Kommen Sie auf jeden Fall pünktlich zum Vorstellungsgespräch.

Modelltest 1

Antwortbogen Lesen

Teil 1

	Richtig	Falsch
1		
2		
3		
4		
5		
6		

Teil 2

	a	b	c
7			
8			
9			
10			
11			
12			

Teil 3

	a	b	c	d	e	f	g	h	i	j	0
13											
14											
15											
16											
17											
18											
19											

Teil 4

	Ja	Nein
20		
21		
22		
23		
24		
25		
26		

Teil 5

	a	b	c
27			
28			
29			
30			

Gesamtergebnis: [ ][ ] / 3 0

Modelltest 1

Hören
40 Minuten

Das Modul *Hören* besteht aus vier Teilen. Sie hören mehrere Texte und lösen Aufgaben dazu.

Lesen Sie jeweils zuerst die Aufgabe, und hören Sie dann den Text dazu.

Für jede Aufgabe gibt es nur eine richtige Lösung.

Vergessen Sie bitte nicht, Ihre Lösungen auf den **Antwortbogen** zu übertragen. Dazu haben Sie nach dem Hörverstehen fünf Minuten Zeit.

Hilfsmittel wie z. B. Wörterbücher oder Mobiltelefone sind nicht erlaubt.

Modelltest 1

1  Sie hören nun fünf kurze Texte. Sie hören jeden Text **zweimal**. Zu jedem Text lösen Sie zwei Aufgaben. Wählen Sie bei jeder Aufgabe die richtige Lösung.
Lesen Sie zuerst das Beispiel. Dazu haben Sie 10 Sekunden Zeit.

Beispiel

01 Herr Müller hat ein Problem in der Wohnung.

~~Richtig~~   Falsch

02 Herr Müller soll …

☒ den Nachbarn bitten, die Firma in die Wohnung zu lassen.

b der Firma Rost die Wohnungsschlüssel geben.

c sich unbedingt bei seinem Nachbarn melden.

---

2 **Text 1**

1 Der Intercity nach Interlaken fällt heute aus.   Richtig   Falsch

2 Die Fahrgäste können …

a im Zug keine Informationen bekommen.

b in Spiez in einen Bus umsteigen.

c mit der Bahn nach Interlaken fahren.

3 **Text 2**

3 Helena ruft Eva wegen ihrer Verabredung am Abend an.   Richtig   Falsch

4 Sie schlägt vor, …

a in der Altstadt Freunde zu treffen.

b ins Theater zu gehen.

c noch einmal zu telefonieren.

4 **Text 3**

5 In Wien feiern die Menschen ein Maifest.   Richtig   Falsch

6 Für Kinder gibt es …

a Interessantes aus der Welt der Technik.

b Konzerte in unterschiedlichen Musikrichtungen.

c österreichisches Essen und Weine.

5 **Text 4**

7 Die Firma kann Frau Winters Jeanshose nicht pünktlich liefern.   Richtig   Falsch

8 Die Firma teilt Frau Winter mit, dass …

a der Produzent der Hose zu viel zu tun hat.

b Frau Winter die Bestellung nicht stoppen kann.

c Frau Winter erst bei Lieferung bezahlen muss.

6 Text 5

9 Die Arztpraxis ruft wegen einer früheren Behandlung an.

| Richtig | Falsch |

10 Die Arztpraxis teilt mit, dass Frau Baum …

a die Behandlung privat bezahlen muss.

b einen Termin zu Beginn des Quartals machen soll.

c noch den Überweisungsschein abgeben muss.

Teil 2

7 Sie hören nun einen Text. Sie hören den Text **einmal**. Dazu lösen Sie fünf Aufgaben.
Wählen Sie bei jeder Aufgabe die richtige Lösung a , b oder c .
Lesen Sie jetzt die Aufgaben 11 bis 15. Dazu haben Sie 60 Sekunden Zeit.

Sie nehmen an einer Stadtführung durch Wiesbaden teil.

11 Touristen …

a verhalten sich heute nicht wie zur Römerzeit.

b haben sich in 2000 Jahren kaum verändert.

c kaufen erst heute Geschenke für Ihre Verwandten.

12 Warum besuchten römische Touristen Wiesbaden?

a aus Interesse an der Kunst

b aus gesundheitlichen Gründen

c aus militärischen Gründen

13 Warum kauften die Leute die Wiesbadener „Kugeln"?

a Sie benutzten sie zum Baden.

b Sie wollten etwas Bekanntes als Geschenk.

c Sie wollten hellere Haare haben.

14 Die Reisegruppe besichtigt zuerst …

a das Kurhaus.

b das Thermalbad.

c das Stadtschloss.

15 Was machte der russische Schriftsteller Dostojewski in Wiesbaden?

a Er besichtigte das Schloss.

b Er schrieb Gedichte.

c Er besuchte die Spielbank.

Modelltest 1

Teil 3

8 ⊚ Sie hören nun ein Gespräch. Sie hören das Gespräch **einmal**. Dazu lösen Sie sieben Aufgaben.
Wählen Sie: Sind die Aussagen Richtig oder Falsch ?
Lesen Sie jetzt die Aufgaben 16 bis 22. Dazu haben Sie 60 Sekunden Zeit.

Sie sitzen im Zug und hören, wie sich zwei Frauen über einen Besuch in Heidelberg unterhalten.

16 Frau Müller und Frau Schmidt kennen sich schon lange. Richtig Falsch

17 Frau Müller möchte in Heidelberg einkaufen gehen. Richtig Falsch

18 Frau Schmidt besucht in Heidelberg ihre Enkelkinder. Richtig Falsch

19 Klara berichtet ihrer Tante von interessanten Unterrichtsexperimenten. Richtig Falsch

20 Klara und ihre Mitschüler spielen heimlich Theater. Richtig Falsch

21 Eva tritt mit der Musikklasse auf. Richtig Falsch

22 Ein Studentenkuss ist etwas zu essen. Richtig Falsch

Teil 4

9 Sie hören nun eine Diskussion. Sie hören die Diskussion **zweimal**. Dazu lösen Sie acht Aufgaben.
Ordnen Sie die Aussagen zu: **Wer sagt was?**
Lesen Sie jetzt die Aussagen 23 bis 30. Dazu haben Sie 60 Sekunden Zeit.

*Die Moderatorin der Radiosendung „Talk nach sechs" diskutiert mit den Eltern Gustaf Wagner und Katja Reize
zum Thema „Müssen Teenager abends um 22 Uhr zu Hause sein?".*

	Moderatorin	Gustav Wagner	Katja Reize
Beispiel **0** Junge Leute unter 18 gelten als Kinder.	a	☒	c
23 Eltern sind manchmal bei Mädchen strenger als bei Jungen.	a	b	c
24 Viele Diskotheken öffnen erst nach 22 Uhr.	a	b	c
25 Jugendliche dürfen nach 22 Uhr nicht alleine aus dem Elternhaus gehen.	a	b	c
26 Man muss seinen Kindern vertrauen können.	a	b	c
27 Für bestimmte Situationen kann es Ausnahmen von der Regel geben.	a	b	c
28 Jugendliche sollten ihre Eltern über ihre Freizeitaktionen am Abend informieren.	a	b	c
29 Jugendliche sollen lernen ihre Freizeit verantwortungsvoll zu planen.	a	b	c
30 Regeln erziehen zur Selbstständigkeit.	a	b	c

Modelltest 1

Teil 1

	Richtig	Falsch			Richtig	Falsch
1	☐	☐		**7**	☐	☐

	a	b	c			a	b	c
2	☐	☐	☐		**8**	☐	☐	☐

	Richtig	Falsch			Richtig	Falsch
3	☐	☐		**9**	☐	☐

	a	b	c			a	b	c
4	☐	☐	☐		**10**	☐	☐	☐

	Richtig	Falsch
5	☐	☐

	a	b	c
6	☐	☐	☐

Teil 2

	a	b	c
11	☐	☐	☐
12	☐	☐	☐
13	☐	☐	☐
14	☐	☐	☐
15	☐	☐	☐

Teil 3

	Richtig	Falsch
16	☐	☐
17	☐	☐
18	☐	☐
19	☐	☐
20	☐	☐
21	☐	☐
22	☐	☐

Teil 4

	a	b	c
23	☐	☐	☐
24	☐	☐	☐
25	☐	☐	☐
26	☐	☐	☐
27	☐	☐	☐
28	☐	☐	☐
29	☐	☐	☐
30	☐	☐	☐

Gesamtergebnis: ☐☐ / 3 0

Modelltest 1

Schreiben
60 Minuten

Das Modul *Schreiben* besteht aus drei Teilen.

In den **Aufgaben 1** und **3** schreiben Sie E-Mails.
In **Aufgabe 2** schreiben Sie einen
Diskussionsbeitrag.

Sie können mit jeder Aufgabe beginnen.
Schreiben Sie Ihre Texte auf die **Antwortbogen**.

Bitte schreiben Sie deutlich und verwenden Sie
keinen Bleistift.

Hilfsmittel wie z.B. Wörterbücher oder
Mobiltelefone sind nicht erlaubt.

Modelltest 1

Schreiben

Aufgabe 1   Arbeitszeit: 20 Minuten

Sie haben am vergangenen Wochenende einen Ausflug gemacht.
Ein Freund / eine Freundin konnte nicht mitkommen, weil er / sie zu viel für die Uni lernen musste.

– Beschreiben Sie: Wo waren Sie und wie war der Ausflug?
– Begründen Sie: Warum hat Ihnen der Ausflug besonders gefallen?
– Schlagen Sie vor, sich zu treffen.

>   Schreiben Sie eine E-Mail (ca. 80 Wörter).
>   Schreiben Sie etwas zu allen drei Punkten.
>   Achten Sie auf den Textaufbau (Anrede, Einleitung, Reihenfolge der Inhaltspunkte, Schluss).

Aufgabe 2   Arbeitszeit: 25 Minuten

Sie haben im Fernsehen eine Diskussionssendung zum Thema „Sind junge Menschen heute schlecht erzogen?"
gesehen. Im Online-Gästebuch finden Sie folgende Meinung:

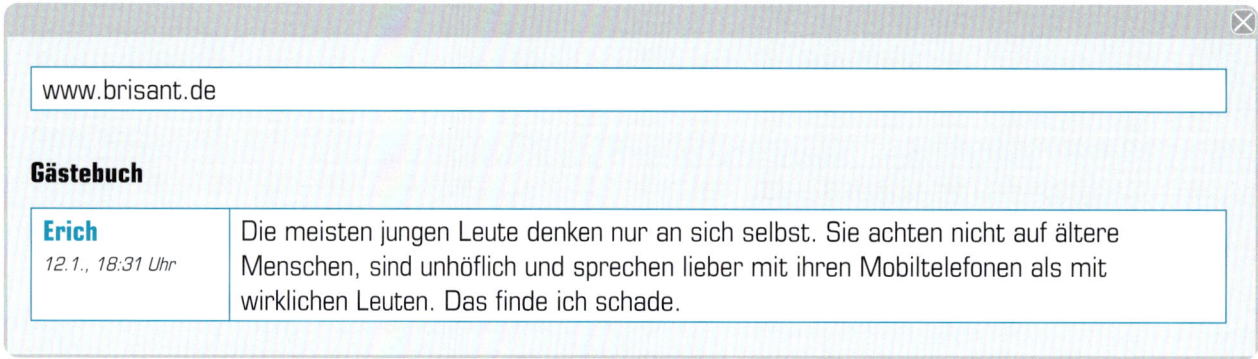

www.brisant.de

Gästebuch

Erich *12.1., 18:31 Uhr*	Die meisten jungen Leute denken nur an sich selbst. Sie achten nicht auf ältere Menschen, sind unhöflich und sprechen lieber mit ihren Mobiltelefonen als mit wirklichen Leuten. Das finde ich schade.

>   Schreiben Sie nun Ihre Meinung (ca. 80 Wörter).

Aufgabe 3   Arbeitszeit: 15 Minuten

Sie haben im Internet ein Angebot für ein Praktikum in einem Supermarkt gesehen. Sie möchten dazu noch ein
paar Informationen bekommen (Zeit, Aufgaben etc.).

Schreiben Sie an Herrn Giessler von der Personalabteilung und bitten Sie um Informationen.

>   Schreiben Sie eine E-Mail (ca. 40 Wörter).
>   Vergessen Sie nicht die Anrede und den Gruß am Schluss.

Antwortbogen Schreiben

Modelltest 1

Modelltest 1

Sprechen
15 Minuten für zwei Teilnehmende

Der Prüfungsteil *Sprechen* besteht aus drei
Teilen.

In **Aufgabe 1** planen Sie etwas gemeinsam
mit Ihrem Partner / Ihrer Partnerin
(circa 3 Minuten).

In **Aufgabe 2** präsentieren Sie ein Thema
(circa 3 Minuten).

In **Aufgabe 3** sprechen Sie über Ihr Thema
und das Ihres Partners / Ihrer Partnerin
(circa 2 Minuten).

Ihre Vorbereitungszeit beträgt 15 Minuten.
Sie bereiten sich allein vor.
Sie dürfen sich zu jeder Aufgabe Notizen
machen. In der Prüfung sollen Sie frei sprechen.

Hilfsmittel wie z.B. Wörterbücher oder
Mobiltelefone sind nicht erlaubt.

Modelltest 1

Sprechen

Teil 1 Gemeinsam etwas planen

Ein gemeinsamer Bekannter hat nächste Woche Geburtstag. Er lebt in einer anderen Stadt. Sie möchten ihn mit Ihrem Besuch überraschen. Überlegen Sie sich auch ein passendes Geschenk.

Sprechen Sie über die Punkte unten, machen Sie Vorschläge und reagieren Sie auf die Vorschläge Ihres Gesprächspartners / Ihrer Gesprächspartnerin.
Planen und entscheiden Sie gemeinsam, was Sie tun möchten.

Überraschungsbesuch und Geschenk planen

– *Wann besuchen? (Tag, Tageszeit)*

– *Wie hinkommen?*

– *Welches Geschenk?*

– *Was müssen Sie noch vorbereiten? (Fahrkarten, Adresse …)*

– *…*

Teil 2   Ein Thema präsentieren

Sie sollen Ihren Zuhörern ein aktuelles Thema präsentieren. Dazu finden Sie hier fünf Folien.
Folgen Sie den Anweisungen links und schreiben Sie Ihre Notizen und Ideen rechts daneben.

Kandidat A

Stellen Sie Ihr Thema vor. Erklären Sie den Inhalt und die Struktur Ihrer Präsentation.

FOLIE I   FINDEN SINGLES IM INTERNET IHR GLÜCK?

Partnersuche online

....
....
....
....
....

Berichten Sie von Ihrer Situation oder einem Erlebnis im Zusammenhang mit dem Thema.

FOLIE 2   FINDEN SINGLES IM INTERNET IHR GLÜCK?

Meine persönlichen Erfahrungen

....
....
....
....
....

Berichten Sie von der Situation in Ihrem Heimatland und geben Sie Beispiele.

FOLIE 3   FINDEN SINGLES IM INTERNET IHR GLÜCK?

Auf Online-Partnersuche in meinem Heimatland

....
....
....
....
....

Nennen Sie die Vor- und Nachteile und sagen Sie dazu Ihre Meinung. Geben Sie auch Beispiele.

FOLIE 4   FINDEN SINGLES IM INTERNET IHR GLÜCK?

Vor- und Nachteile & meine Meinung

....
....
....
....
....

Beenden Sie Ihre Präsentation und bedanken Sie sich bei den Zuhörern.

FOLIE 5   FINDEN SINGLES IM INTERNET IHR GLÜCK?

Abschluss & Dank

....
....
....
....
....

Modelltest 1

Kandidat B

Stellen Sie Ihr Thema vor. Erklären Sie den Inhalt und die Struktur Ihrer Präsentation.

Fit sein und Leute treffen

Was bieten Sportvereine?

Folie 1

Berichten Sie von Ihrer Situation oder einem Erlebnis im Zusammenhang mit dem Thema.

Meine persönlichen Erfahrungen

Was bieten Sportvereine?

Folie 2

Berichten Sie von der Situation in Ihrem Heimatland und geben Sie Beispiele.

Die Rolle von Sportvereinen in meinem Heimatland

Was bieten Sportvereine?

Folie 3

Nennen Sie die Vor- und Nachteile und sagen Sie dazu Ihre Meinung. Geben Sie auch Beispiele.

Vor- und Nachteile & meine Meinung

Was bieten Sportvereine?

Folie 4

Beenden Sie Ihre Präsentation und bedanken Sie sich bei den Zuhörern.

Abschluss & Dank

Was bieten Sportvereine?

Folie 5

Teil 3   Über ein Thema sprechen

Nach Ihrer Präsentation:
Reagieren Sie auf die Rückmeldung und Fragen der Prüfer/-innen und des Gesprächspartners /
der Gesprächspartnerin.

Nach der Präsentation Ihres Partners / Ihrer Partnerin:
a) Geben Sie eine Rückmeldung zur Präsentation Ihres Partners / Ihrer Partnerin (z. B. wie Ihnen
    die Präsentation gefallen hat, was für Sie neu oder besonders interessant war usw.).
b) Stellen Sie auch eine Frage zur Präsentation Ihres Partners / Ihrer Partnerin.

Modelltest 2

Lesen

Teil 1   Arbeitszeit: 10 Minuten

Lesen Sie den Text und die Aufgaben 1 bis 6 dazu.
Wählen Sie: Sind die Aussagen [Richtig] oder [Falsch]?

Hallo liebe Leute. Heute bin ich ziemlich müde. Ich bin erst um drei Uhr heute Morgen ins Bett gekommen. Warum? Tobi war schuld. Tobi ist unser Vogel, unser Wellensittich. Wir haben ihn jetzt vier Jahre und er gehört richtig zur Familie. Er hat keine Angst vor uns. Wenn wir fernsehen, sitzt er auch auf dem Sofa, wenn ich mich morgens rasiere, sitzt er auf meiner Schulter, und wenn meine Tochter Alexandra Hausaufgaben macht, spielt er mit ihren Stiften.

Gestern hatten wir es eilig. Wir wollten zu einer Grillparty bei Freunden und waren schon spät. Da fiel mir ein, dass die Holzkohle noch im Gartenschuppen stand. Ich machte die Terrassentür auf und ging in den Garten. Plötzlich hörte ich einen spitzen Schrei meiner Tochter. In der Eile hatte ich vergessen, dass Tobi nicht in seinem Käfig war. Er war hinter mir hergeflogen und saß in unserem Kirschbaum. Katastrophe! Nach dem ersten Schreck riefen wir ihn. Eigentlich kommt er dann, aber er war wohl auch furchtbar erschrocken und blieb sitzen. Natürlich passen wir normalerweise auf, dass er nicht rausfliegt. Meine Frau schlug vor, ihn mit der Leiter aus dem Baum zu holen, aber sobald ich auf der Leiter war, hüpfte er weiter weg. Wir überlegten und holten dann seinen Käfig. Wir stellten ihn so, dass er ihn gut sehen konnte und hofften, er würde hineinfliegen. Alle paar Minuten ging jemand in den Garten und rief ihn, aber nichts passierte. Schließlich wurde es dunkel. Wir holten eine Lampe und machten Licht, damit er den Käfig weiter sehen konnte. Meine Frau und meine Tochter sind auf dem Sofa eingeschlafen, und ich saß auf einem Stuhl im Garten und redete leise mit ihm. Irgendwann bin ich auch eingeschlafen. So gegen halb drei heute Morgen wurde ich wach, weil etwas an meiner Nase war. Tobi saß auf meinem Kopf und knabberte an meiner Nase. Vorsichtig nahm ich ihn in die Hand und setzte ihn in seinen Käfig. Ihr könnt es mir glauben, so froh war ich schon lange nicht mehr.

Bis morgen, Dieter

Beispiel

0 Dieter ist erst spät schlafen gegangen. ~~Richtig~~ | Falsch

1 Tobi ist der Vogel der Familie. Richtig | Falsch

2 Bei Dieter war gestern eine Grillparty. Richtig | Falsch

3 Tobi ist in den Garten geflogen. Richtig | Falsch

4 Er fliegt oft in den Kirschbaum. Richtig | Falsch

5 Als es dunkel wurde, ist Alexandra ins Bett gegangen. Richtig | Falsch

6 Dieter hat bis vier Uhr im Garten gesessen. Richtig | Falsch

Modelltest 2

Lesen

Teil 2 Arbeitszeit: 20 Minuten

Lesen Sie den Text aus der Presse und die Aufgaben 7 bis 9 dazu.
Wählen Sie bei jeder Aufgabe die richtige Lösung [a], [b] oder [c].

Outdoor-Lampen im Kommen

Outdoor-Sportler können in Zukunft auch im Dunkeln joggen oder Ski fahren. Der Grund sind leistungsstarke Stirnlampen.

Outdoor-Sportler lassen sich durch die Dunkelheit kaum mehr in ihren Aktivitäten einschränken. So kann man neuerdings im Wald oder im Park wandernde Lichtpunkte sehen. Die Mehrheit der derzeit erhältlichen Stirnlampen erbringen eine Lichtleistung von rund 50 bis 100 Lumen. Das reicht problemlos zum Joggen oder für den frühmorgendlichen Aufstieg auf der Skitour. Auf keinen Fall aber kann man die Lampen benutzen, wenn viel Licht nötig ist, z.B. bei schwierigen Mountainbike Touren oder schnellen Abfahrten.

Vor dem Kauf einer solchen Lampe sollte man sich gut informieren, denn es ist ein veritabler «Lichtkrieg» ausgebrochen: Jeder versucht den anderen mit noch höheren Werten zu übertrumpfen. Allerdings halten diese selten einer unabhängigen Überprüfung stand, die vollständige Leistung wird oft nur für kurze Zeit und bei geladenem Akku erbracht, oder das Licht irritiert das Auge.
Beim Kauf einer Lampe sollte man unbedingt darauf achten, wie lange der Akku bei höchster Leistung hält und ob das Licht angenehm für die Augen ist.

Aus einer Schweizer Tageszeitung

Beispiel

0   Mit den Stirnlampen kann man . . .

- ☒ auf leichteren Strecken im Dunkeln joggen.
- b alles im Dunkeln machen.
- c im Wald Pilze suchen.

---

7   In diesem Text geht es um . . .

- a Sportarten , die man auch im Dunkeln machen kann.
- b die Qualität verschiedener Akkus.
- c Lampen, mit denen man auch im Dunkeln Sport treiben kann.

8   Für schwierige Radtouren . . .

- a kann man die Lampen auch gut benutzen.
- b braucht man eine sehr starke Lampe.
- c sind die Lampen nicht empfehlenswert.

9   Beim Kauf sollte man darauf achten, dass . . .

- a die Lampe sehr hell ist.
- b der Akku lange hält.
- c man die Lampe schön findet.

Lesen Sie den Text aus der Presse und die Aufgaben 10 bis 12 dazu.
Wählen Sie bei jeder Aufgabe die richtige Lösung a , b oder c .

Das Burgenland. Vorbild beim Kampf gegen den Klimawandel

Als erstes österreichisches Bundesland wird das Burgenland heuer die Energiewende schaffen: Das gab Landeshauptmann Hans Niessl (SPÖ) gestern bei einem Neujahrsempfang in Pamhagen bekannt. Ab Mitte 2013 wird im Burgenland gleich viel Öko-Strom produziert, wie man dort verbraucht. Das ist der Höhepunkt eines Weges, der vor fünfzehn Jahren mit der Errichtung des ersten Windparks begonnen wurde, sagt Niessl.

Bis 2015 soll der Windpark weiter ausgebaut werden. Doch das Burgenland leistet so nicht nur einen wichtigen Beitrag zum Umweltschutz: Durch dieses Projekt werden dort auch viele Arbeitsplätze geschaffen und viele neue Ausbildungsberufe entstehen.

Der Öko-Strom ist laut der Stromregulator-Behörde E-Control derzeit etwa doppelt so teuer wie der normale (9,45 Cent pro Kilowattstunde im Vergleich zu 4,5 Cent). Für die zehn Prozent Öko-Stromanteil, der aus der Steckdose kommt, bezahlt ein Haushalt im Durchschnitt 72 Euro pro Jahr. Die meisten zahlen gern etwas mehr für ihren Strom und für sozial Benachteiligte gibt es einen Sondertarif.

Aus einer österreichischen Tageszeitung

10 In dem Text geht es um . . .

- a   den hohen Energieverbrauch im Burgenland.
- b   die Produktion von Öko-Strom im Burgenland.
- c   die zukünftigen Preise für Öko-Strom.

11 Im Burgenland . . .

- a   wird mehr Öko-Strom verbraucht als produziert.
- b   wird ab 2013 Strom aus Wind hergestellt.
- c   wird 2013 genauso viel Öko-Strom produziert, wie verbraucht wird.

12 Öko-Strom . . .

- a   ist teurer als normaler Strom.
- b   kostet 72 Euro pro Jahr.
- c   ist günstiger als normaler Strom.

Modelltest 2

Lesen

Teil 3 Arbeitszeit: 10 Minuten

Lesen Sie die Situationen 13 bis 19 und die Anzeigen A bis J aus verschiedenen deutschsprachigen Medien. Wählen Sie: Welche Anzeige passt zu welcher Situation? Sie können jede **Anzeige nur einmal** verwenden. Die Anzeige aus dem Beispiel können Sie nicht mehr verwenden. Für eine Situation gibt es **keine passende Anzeige**. In diesem Fall schreiben Sie **0**.

Nach dem Ende eines Kochkurses möchten einige Teilnehmer weitermachen und suchen nach passenden Möglichkeiten.

Beispiel

0 Jasmin möchte vegetarisch kochen.   Anzeige: f

---

13 Hans möchte die vietnamesische Küche kennen lernen.   Anzeige: ....

14 Andrea würde am liebsten einen Wochenendkurs besuchen.   Anzeige: ....

15 Karla überlegt, ob sie Köchin werden soll, und sucht einen Praktikumsplatz.   Anzeige: ....

16 Jochen möchte einen Kochkurs in Italien machen.   Anzeige: ....

17 Sofia möchte einen weiterführenden Kurs besuchen, kann aber nur dienstagabends.   Anzeige: ....

18 Susanne isst am liebsten Fisch und möchte viele Fischrezepte ausprobieren.   Anzeige: ....

19 Sebastian hat keine Zeit für einen weiteren Kurs, möchte aber mehr über Kräuter wissen.   Anzeige: ....

---

a

Kochen mit Spaß

Sie können schon ganz gut kochen, möchten aber besser werden? Dann sind Sie hier richtig! In entspannter Atmosphäre können Sie an den Septemberwochenenden viele leckere Rezepte ausprobieren.

**Weitere Infos unter:
www.JungeKueche.de**

---

b

Backen mit Kindern

Im November können Eltern dienstags mit ihren Kindern im Gemeindehaus von St. Markus Plätzchen backen. Wir bitten um einen Unkostenbeitrag von 5 Euro pro Familie. Anmeldungen bitte im Sekretariat unter: 089 76450

c

Die Geheimnisse der Kräuter

Am Samstag findet im Kloster Etschtal eine Führung durch den seit Jahrhunderten gepflegten Kräutergarten der Abtei statt. Interessenten melden sich bitte bis zum 23.05. unter 043 76582

d

**Yoga in Griechenland?
Kochen in Italien?
Malen in Frankreich?**

Kein Problem!
Für alle, die in ihrem Urlaub etwas lernen möchten: reisenundlernen.de Besuchen Sie unsere Website und finden Sie Ihren Wunschkurs in Ihrem Traumland.

e

Asiatisch kochen

Am 08.06. von 14:00 bis 20:00 Uhr können Interessierte einmal in unsere Küche schauen und mit unserem Koch zusammen einige typische vietnamesische Gerichte selbst zubereiten.

Ma-Ti, Grabenstraße 3. Bitte melden Sie sich über unsere Website, Maiti.at, an.

f

Kochen und Meditieren abseits des Alltags in der Klosteranlage von Laas, vom 15.10.–22.10., 399 Euro. Im Preis enthalten: Unterbringung in der Klosteranlage, Meditationssitzungen und ein Kurs über vegetarisches Kochen. Weitere Infos und Anmeldung unter Kloster-Laas.ch

g

BTK-Programm für Mitglieder

In unserer Vortragsreihe „Gesund essen, gesund leben" spricht am Samstagabend um 19:30 Uhr Dr. Weinstein über das Thema „Ist vegetarische Ernährung wirklich gesund?" Einlass ab 19:00 Uhr, Rheinstr. 14
BTK – Ihre Gesundheitskasse

h

Neu!

Auf der Internetseite **Gastronomie-Deutschland.de** finden Sie alles rund um die Gastronomie und das Hotelfach: Stellenangebote und -gesuche, Ausbildungs- und Praktikumsplätze und vieles mehr.

i

•••••••••••••••••*GESUND KOCHEN*••

Die Vhs Villingen bietet in diesem Frühling einen besonderen Leckerbissen an: „Fischgerichte leicht gemacht." Sie erfahren, worauf es beim Zubereiten von Fisch wirklich ankommt und kochen selbst an 12 Abenden leckere Fischgerichte aus der ganzen Welt. Ab dem 12.04. immer donnerstagabends von 18–21 Uhr.

j

Programmänderung!

Wegen der starken Nachfrage haben wir einen zusätzlichen Kochkurs für Fortgeschrittene ins Programm genommen. Ab Februar Mo. u. Mi. Abend von 18:30–20:30 Uhr.

www.vhs-offenbach.de

Modelltest 2

Lesen

Teil 4   Arbeitszeit: 15 Minuten

Lesen Sie die Texte 20 bis 26. Wählen Sie: Ist die Person **für ein Verbot**?

In einer Zeitschrift lesen Sie Kommentare zu einem Artikel über das Verbot von Tabakwerbung in den Medien.

Beispiel

0   Anke   ~~Ja~~   Nein

		Ja	Nein			Ja	Nein
20	Simon	Ja	Nein	**24**	Gustav	Ja	Nein
21	Ilse	Ja	Nein	**25**	Maria	Ja	Nein
22	Joachim	Ja	Nein	**26**	Jens	Ja	Nein
23	Erika	Ja	Nein				

Leserbriefe

Beispiel Meiner Meinung nach wäre es nur konsequent, endlich auch die Tabakwerbung auf Plakaten und im Kino zu verbieten. Es ist bekannt, dass die Tabakindustrie besonders auf junge Leute zielt, und die sind leicht beeinflussbar. Ich weiß aus eigener Erfahrung mit meinen Kindern, dass das vermeintliche „Coolsein" durchaus reizvoll ist.

Anke, 42, Hannover

20 Man kann doch nicht Werbung für Produkte verbieten, die man überall kaufen kann. Dann müsste man eben ein generelles Rauchverbot einführen, was bedeuten würde, dass man z. B. in der Schweiz nicht mehr rauchen dürfte. Damit hätte sich die Diskussion um die Werbung erledigt. Ich wäre sehr neugierig, welches Ergebnis eine Volksabstimmung über ein generelles Rauchverbot hier hätte.

Simon, 25, Bern

21 Ich bin zwar Nichtraucherin, aber mittlerweile tun mir die Raucher fast leid. Alle, besonders die Politik, stürzen sich auf sie. Aber leider nur, um vor Misserfolgen bei wirklich wichtigen Themen abzulenken. Es ist lächerlich, sich mit der Tabakwerbung zu beschäftigen. Wer rauchen will, soll rauchen, und wer Zigaretten verkaufen darf, darf auch dafür werben.

Ilse, 62, Innsbruck

22 Da es erwiesen ist, wie schädlich das Rauchen ist, sollte man selbstverständlich auch die Werbung dafür verbieten. Jedes Mal, wenn ich eine Tabakwerbung sehe, werde ich wütend angesichts des Zynismus der Tabakindustrie. Ist diesen Leuten nicht klar, wie viele Menschen sie auf dem Gewissen haben?

Joachim, 47, Biblingen

23 Ich bin froh, dass die Kampagnen gegen das Rauchen Erfolge zeigen. Tatsächlich rauchen weniger Leute und das ist gut so. Da Werbung ohne Zweifel das Verhalten der Menschen beeinflusst, würde ein komplettes Verbot von Zigarettenwerbung vielleicht noch ein paar mehr vom Rauchen abhalten. Ich hoffe, dass es in absehbarer Zeit zu einem endgültigen Verbot kommt.

Erika, 35, Nürnberg

24 Nicht nur die Werbung versucht uns zu beeinflussen, wir werden immer von allen Seiten beeinflusst und müssen lernen, trotzdem eigene Entscheidungen zu treffen. Verbote jeder Art, auch wenn sie gut gemeint sind, nehmen uns die Möglichkeit, selbst für uns Verantwortung zu übernehmen. Ich halte solche Verbote wie das angestrebte für Zigarettenwerbung für keine vernünftige Maßnahme.

Gustav, 72, Dortmund

25 Ich meine, nicht nur Tabakwerbung jeder Art müsste verboten sein, sondern auch Werbung für Alkohol. Es kann doch nicht sein, dass man uns ständig anlügt und so tut, als wäre ein Leben mit Zigaretten und Alkohol großartig, wo doch jeder weiß, wie leicht man abhängig wird und wohin das führt.

Maria, 27, St. Gallen

26 Ich würde mich freuen, wenn es gar keine Werbung mehr gäbe, besonders keine mehr für Zigaretten und Alkohol. Was man mit den Milliarden alles Gutes tun könnte. Aber Werbung gehört einfach zu unseren Gesellschaften. Man kann und darf sie nicht verbieten. Aber man kann sie ignorieren.

Jens, 23, Osnabrück

Modelltest 2

Teil 5   Arbeitszeit: 10 Minuten

Lesen Sie die Aufgaben 27 bis 30 und den Text dazu.
Wählen Sie bei jeder Aufgabe die richtige Lösung a , b oder c .

Sie haben zum Geburtstag eine schöne Blume, eine Orchidee, bekommen. Sie möchten wissen, wie man sie pflegt, und finden im Internet folgende Anleitung.

27 Der ideale Platz für Orchideen ist . . .

a	am Fenster.
b	in der Sonne.
c	an der Nordseite.

28 Die Pflege von Orchideen . . .

a	braucht sehr viel Zeit.
b	ist sehr schwierig.
c	ist einfacher, als man denkt.

29 Im Winter . . .

a	darf man sie gar nicht gießen.
b	muss man sie oft gießen.
c	sollte man sie einmal pro Woche gießen.

30 Viel Sonnenlicht . . .

a	ist für alle Orchideen nicht gut.
b	mögen die meisten Orchideen.
c	ist für einige Arten schädlich.

Aufwand

Orchideen brauchen nicht so viel Pflege, wie Sie vielleicht glauben, aber Sie sollten sich regelmäßig um Sie kümmern. Ein paar wichtige Tipps sollten Sie kennen, wenn Sie an Ihrer Orchidee lange Freude haben möchten. Spezielle Pflegeanleitungen zu einzelnen Arten finden Sie im Menü auf der rechten Seite.

Standort

Besonders wichtig ist der geeignete Standort für Ihre Orchidee. Grundsätzlich können Sie die Pflanzen ans Fenster stellen. Achten Sie allerdings darauf, dass Sie nie in der Zugluft stehen. Das vertragen sie nicht. Auch große Hitze mögen sie nicht. Und schließlich sollten Sie Ihre Pflanze auch nicht häufig an andere Plätze stellen. Viele Orchideenarten mögen einen Platz, der auf der Ost- oder Westseite gelegen ist.

Licht

Viele Orchideenarten leben in der Natur im Halbschatten. Einige brauchen mehr Licht, andere weniger. Hier gibt es keine Grundregel, außer: Sehr viel direktes Sonnenlicht ist für alle Arten schädlich. Am besten informieren Sie sich beim Kauf der Orchidee genau, wie viel Licht sie benötigt.

Gießen

Viele gießen ihre Orchideen zu oft und zu viel. Die meisten Probleme sind auf zu häufiges Gießen zurückzuführen. Ihrer Pflanze reicht es im Winter, wenn Sie sie einmal in der Woche gießen. Im Frühling und Sommer vielleicht auch zweimal, achten Sie aber darauf, dass kein Wasser im Topf steht.

Wenn Ihre Orchidee momentan nicht wächst und auch keine Blüten trägt, was im Winter normal ist, reduzieren Sie nach Möglichkeit die Zimmertemperatur. Zu diesem Zeitpunkt braucht die Pflanze nur wenig Wasser.

Modelltest 2

Hören

Teil 1

10 ◎ Sie hören nun fünf kurze Texte. Sie hören jeden Text **zweimal**. Zu jedem Text lösen Sie zwei Aufgaben.
Wählen Sie bei jeder Aufgabe die richtige Lösung.
Lesen Sie zuerst das Beispiel. Dazu haben Sie 10 Sekunden Zeit.

Beispiel

01 Es gibt viele Verkehrsbehinderungen.   Richtig   ~~Falsch~~

02 Wo gibt es einen Stau?   a | auf der A3

☒ | auf der A22

c | auf der A14

11 ◎ **Text 1**

1 Herr Schadt ist Techniker bei Allmedia.   Richtig   Falsch

2 Herr Schadt …   a | möchte am Freitagmorgen kommen.

b | möchte am Freitagnachmittag kommen.

c | bringt die Geräte mit.

12 ◎ **Text 2**

3 Der Zug hat mehrere technische Probleme.   Richtig   Falsch

4 Im Restaurant …   a | muss man lange warten.

b | kann man alles essen.

c | gibt es keinen Kaffee.

13 ◎ **Text 3**

5 Sascha und Lena wollen heiraten.   Richtig   Falsch

6 Das Brautpaar wünscht sich Geld für …   a | ein großes Bett.

b | eine Reise.

c | ein schönes Fest.

14 ◎ **Text 4**

7 Für die Busse gilt vom 24.12.–31.12.
ein besonderer Fahrplan.   Richtig   Falsch

8 An Silvester fahren die Busse …   a | nach dem normalen Fahrplan.

b | bis 18:00 Uhr nach dem normalen Fahrplan.

c | nur nach dem Nachtfahrplan.

15 Text 5

9 Herr Berger möchte sich über Versicherungen informieren.

| Richtig | | Falsch |

10 Herr Kiefer …

- a möchte Herrn Berger am Donnerstag besuchen.
- b möchte Herrn Berger heute besuchen.
- c möchte Herrn Berger morgen um 14:00 besuchen.

Teil 2

16 Sie hören nun einen Text. Sie hören den Text **einmal**. Dazu lösen Sie fünf Aufgaben.
Wählen Sie bei jeder Aufgabe die richtige Lösung a , b oder c .
Lesen Sie jetzt die Aufgaben 11 bis 15. Dazu haben Sie 60 Sekunden Zeit.

Sie nehmen an einer Fortbildung in Ihrer Firma teil.

11 Bei der Fortbildung geht es um …

- a neue Computer.
- b das neue Verwaltungsprogramm für die Firma.
- c die Einarbeitung neuer Kollegen.

12 Die neue Software …

- a hat nur wenige Funktionen.
- b ist leicht zu bedienen.
- c hat noch ein paar Fehler.

13 Was machen die Teilnehmer am ersten Tag?

- a Sie müssen Listen schreiben.
- b Sie werden in ihre Sachgebiete eingeführt.
- c Sie erfahren etwas über die Grundlagen.

14 Nach der Fortbildung …

- a müssen die Mitarbeiter alleine mit dem Programm arbeiten.
- b steht Herr Reichert noch eine Woche in der Firma zur Verfügung.
- c gibt es eine telefonische Beratung.

15 Was ist nach der Mittagspause geplant?

- a Herr Reichert stellt das E-Mail-Programm vor.
- b Es geht um das Adressbuch.
- c Es können Termine vereinbart werden.

Modelltest 2

Teil 3

17 ◎ Sie hören nun ein Gespräch. Sie hören das Gespräch **einmal**. Dazu lösen Sie sieben Aufgaben.
Wählen Sie: Sind die Aussagen Richtig oder Falsch ?
Lesen Sie jetzt die Aufgaben 16 bis 22. Dazu haben Sie 60 Sekunden Zeit.

Sie sitzen im Wartezimmer Ihres Hausarztes und hören ein Gespräch zwischen zwei wartenden Patienten.

16 Herr Reinhard hatte einen Unfall.   Richtig   Falsch

17 Ein Auge von Herrn Reinhard ist verletzt.   Richtig   Falsch

18 Herr Reinhard kann seinen rechten Arm nicht bewegen.   Richtig   Falsch

19 Seine Schulter wurde geröntgt.   Richtig   Falsch

20 Herr Reinhard hat keine Schmerzen.   Richtig   Falsch

21 Herr Reinhard arbeitet schon wieder.   Richtig   Falsch

22 Frau Zimmermann muss Tabletten nehmen.   Richtig   Falsch

Teil 4

18 Sie hören nun eine Diskussion. Sie hören die Diskussion **zweimal**. Dazu lösen Sie acht Aufgaben.
Ordnen Sie die Aussagen zu: **Wer sagt was?**
Lesen Sie jetzt die Aussagen 23 bis 30. Dazu haben Sie 60 Sekunden Zeit.

Der Moderator der Radiosendung „Talk am Mittag" diskutiert mit der Maklerin Gabriele Lennert und dem Studenten Jens Richter zum Thema „Wohnungsnot in den Städten".

	Moderator	Gabriele Lennert	Jens Richter
Beispiel **0** Studenten haben Probleme, eine Wohnung zu finden.	☒	b	c
23 Viele ältere Menschen leben allein in großen Wohnungen.	a	b	c
24 Die Pflichten der Mitbewohner müssen klar geregelt sein.	a	b	c
25 Man hat ein persönliches Verhältnis zu seinem Vermieter.	a	b	c
26 Das Zusammenleben von Älteren und Jüngeren ist auch ein soziales Projekt.	a	b	c
27 Die Deutschen werden immer älter.	a	b	c
28 In Zukunft können nur reiche Leute sich eine Wohnung in der Stadt leisten.	a	b	c
29 Junge und alte Menschen können voneinander lernen.	a	b	c
30 Man muss wählen können, wie man wohnt.	a	b	c

Modelltest 2

Schreiben

Aufgabe 1   Arbeitszeit: 20 Minuten

Sie sind seit zwei Wochen Mitglied in einem Fitnessstudio und berichten einem Freund / einer Freundin von Ihren Erfahrungen.

– Beschreiben Sie, wie es Ihnen gefällt.
– Begründen Sie: Was machen Sie besonders gern und warum?
– Schlagen Sie Ihrem Freund / Ihrer Freundin vor, einmal mitzukommen.

> Schreiben Sie eine E-Mail (circa 80 Wörter).
> Schreiben Sie etwas zu allen drei Punkten.
> Achten Sie auf den Textaufbau (Anrede, Einleitung, Reihenfolge der Inhaltspunkte, Schluss).

Aufgabe 2   Arbeitszeit: 25 Minuten

Sie haben im Fernsehen eine Talkshow zum Thema „Das Privatleben berühmter Leute" gesehen. Im Online-Gästebuch der Sendung finden Sie folgende Meinung:

Gästebuch	
Verena 12.1., 18:31 Uhr	Ich persönlich interessiere mich nicht besonders für das Privatleben berühmter Leute. Ich kann zwar verstehen, dass man ein bisschen neugierig ist. Meiner Meinung nach sollte man aber diejenigen in Ruhe lassen, die nicht wollen, dass die Öffentlichkeit etwas über ihr Privatleben erfährt.

> Schreiben Sie nun Ihre Meinung (circa 80 Wörter).

Aufgabe 3   Arbeitszeit: 15 Minuten

Ihr Abteilungsleiter Herr Simon hat Sie zu einer Besprechung eingeladen, aber Sie sind an diesem Tag nicht in der Firma.

Schreiben Sie an Herrn Simon. Entschuldigen Sie sich höflich und bitten Sie um einen neuen Termin.

> Schreiben Sie eine E-Mail (circa 40 Wörter).
> Vergessen Sie nicht die Anrede und den Gruß am Schluss.

Sprechen

Teil 1 Gemeinsam etwas planen

Ein gemeinsamer Freund zieht am nächsten Wochenende um. Vorher muss er noch seine alte Wohnung renovieren. Überlegen Sie zu zweit, wie Sie ihm helfen können.

Sprechen Sie über die Punkte unten, machen Sie Vorschläge und reagieren Sie auf die Vorschläge.
Ihres Gesprächspartners / Ihrer Gesprächspartnerin.
Planen und entscheiden Sie gemeinsam, was Sie tun möchten.

Hilfe beim Umzug und bei der Renovierung

– *Wann könnten Sie renovieren? (Tag, Uhrzeit)*

– *Was brauchen Sie? (Farbe, Werkzeug, …)*

– *Können Sie auch beim Umzug helfen?*

– *Haben Sie ein Auto, das man benutzen könnte?*

– *…*

Modelltest 2

Sprechen

Teil 2   Ein Thema präsentieren

Sie sollen Ihren Zuhörern ein aktuelles Thema präsentieren. Dazu finden Sie hier fünf Folien.
Folgen Sie den Anweisungen links und schreiben Sie Ihre Notizen und Ideen rechts daneben.

Kandidat A

Stellen Sie Ihr Thema vor.
Erklären Sie den Inhalt
und die Struktur Ihrer
Präsentation.

> **FOLIE 1**   PLASTIKGELD
>
> Bezahlen bald alle
> nur noch mit EC-
> oder Kreditkarte?

Berichten Sie von
Ihrer Situation oder
einem Erlebnis im
Zusammenhang mit
dem Thema.

> **FOLIE 2**   BEZAHLEN BALD ALLE NUR NOCH MIT KARTE?
>
> Meine persönlichen Erfahrungen

Berichten Sie von der
Situation in Ihrem
Heimatland und geben
Sie Beispiele.

> **FOLIE 3**   BEZAHLEN BALD ALLE NUR NOCH MIT KARTE?
>
> Die Rolle der Kartenzahlung
> in meinem Heimatland

Nennen Sie die Vor- und
Nachteile und sagen
Sie dazu Ihre Meinung.
Geben Sie auch Beispiele.

> **FOLIE 4**   BEZAHLEN BALD ALLE NUR NOCH MIT KARTE?
>
> Vor- und Nachteile
> der Kartenzahlung
> & meine Meinung

Beenden Sie Ihre
Präsentation und
bedanken Sie sich bei
den Zuhörern.

> **FOLIE 5**   BEZAHLEN BALD ALLE NUR NOCH MIT KARTE?
>
> Abschluss & Dank

Kandidat B

Stellen Sie Ihr Thema vor.
Erklären Sie den Inhalt und die Struktur Ihrer Präsentation.

Wie viel Trinkgeld ist in Ordnung?

Der Rest ist für Sie!

Folie 1

....
....
....
....
....
....

Berichten Sie von Ihrer Situation oder einem Erlebnis im Zusammenhang mit dem Thema.

Wie viel Trinkgeld ist in Ordnung?

Meine persönlichen Erfahrungen

Folie 2

....
....
....
....
....
....

Berichten Sie von der Situation in Ihrem Heimatland und geben Sie Beispiele.

Gibt man in meinem Heimatland Trinkgeld und wie viel?

Wie viel Trinkgeld ist in Ordnung?

Folie 3

....
....
....
....
....
....

Nennen Sie die Vor- und Nachteile und sagen Sie dazu Ihre Meinung. Geben Sie auch Beispiele.

Wie viel Trinkgeld ist in Ordnung?

Vor- und Nachteile von Trinkgeld & meine Meinung

Folie 4

....
....
....
....
....
....

Beenden Sie Ihre Präsentation und bedanken Sie sich bei den Zuhörern.

Wie viel Trinkgeld ist in Ordnung?

Abschluss & Dank

Folie 5

....
....
....
....
....
....

Teil 3   Über ein Thema sprechen

Nach Ihrer Präsentation:
Reagieren Sie auf die Rückmeldung und auf Fragen der Prüfer / -innen und des Gesprächspartners / der Gesprächspartnerin.

Nach der Präsentation Ihres Partners / Ihrer Partnerin:
a) Geben Sie eine Rückmeldung zur Präsentation Ihres Partners / Ihrer Partnerin
    (z. B. wie Ihnen die Präsentation gefallen hat, was für Sie neu oder besonders interessant war usw.).
b) Stellen Sie auch eine Frage zur Präsentation Ihres Partners / Ihrer Partnerin.

Modelltest 3

Lesen

Teil 1   Arbeitszeit: 10 Minuten

Lesen Sie den Text und die Aufgaben 1 bis 6 dazu.
Wählen Sie: Sind die Aussagen Richtig oder Falsch ?

Hallo Barbara,

neulich im Zug habe ich im Zugmagazin einen Artikel mit dem Namen „Unsere Nachbarn – die
Österreicher" gelesen. Stell dir vor, da steht gleich am Anfang, dass die Österreicher keine
Deutschen mögen. Erst einmal bin ich nicht damit einverstanden, dass aus einigen Personen
alle Mitglieder eines Landes gemacht werden. Überall gibt es Menschen, die andere Menschen
nicht leiden können. Aber dass ein ganzes Volk ein komplettes anderes Volk nicht mögen soll, das
erscheint mir doch sehr unwahrscheinlich. Bei meinen zahlreichen Urlauben in Österreich bin ich
fast immer auf freundliche Menschen gestoßen, denen ich herzlich willkommen war.
Auch die Behauptung, Österreicher hören nur Volksmusik, stammt wohl eher aus dem
Märchenbuch. Natürlich gibt es für die Touristen Aufführungen volkstümlicher Musik und Tänze,
genau wie es in Südbayern Leute in Lederhosen und Dirndl gibt, die für die ausländischen Besucher
ihre traditionellen Lieder singen. Wer mal in einer österreichischen Großstadt abends unterwegs
war, weiß, dass dort alle nur denkbaren Musikstile anzutreffen sind. Okay, da stand auch, dass die
Österreicher sehr traditionsbewusst sind – doch was ist daran schlimm? Gerade in der heutigen
Zeit sollten wir froh darüber sein, dass es Menschen gibt, denen ihre Kultur und Traditionen wichtig
sind. Und nicht wenige Menschen, auch in Deutschland, bezahlen viel Geld für eine Eintrittskarte
zu einem klassischen Konzert oder einer Oper von Mozart oder anderen österreichischen
Komponisten. Diese Musik ist nicht gerade modern, aber heute immer noch sehr beliebt.
Immerhin kann ich aus eigener Erfahrung bestätigen: In Österreich isst man gern Knödel und
andere Mehlspeisen. Und viele Gerichte aus der österreichischen Küche sind weltweit bekannt und
beliebt: Das Wiener Schnitzel, die Sachertorte und die Mozartkugeln sind dabei nur die populärsten
Beispiele.
Wenn du demnächst wieder Bahn fährst, dann schau mal nach dem Bahnmagazin. Denn insgesamt
fand ich den Artikel trotz einiger kleiner Details, denen ich hier widersprochen habe, sehr
interessant. Und ich freue mich schon auf meinen nächsten Urlaub – in Österreich.

Schöne Grüße
Katja

Beispiel

0   Katja schreibt eine E-Mail an eine Zeitung.   Richtig   ~~Falsch~~

1   In der Zeitung steht, dass Österreicher Deutsche nicht mögen.   Richtig   Falsch

2   Katja fühlte sich in Österreich fast immer gut behandelt.   Richtig   Falsch

3   Für ausländische Besucher wird in Österreich gern Volksmusik gespielt.   Richtig   Falsch

4   Moderne Menschen interessieren sich nicht für Traditionen.   Richtig   Falsch

5   In Österreich kann man gut essen.   Richtig   Falsch

6   Katja kritisiert einige Punkte im Zeitschriftenartikel.   Richtig   Falsch

Modelltest 3

Lesen

Teil 2   Arbeitszeit: 20 Minuten

Lesen Sie den Text aus der Presse und die Aufgaben 7 bis 9 dazu.
Wählen Sie bei jeder Aufgabe die richtige Lösung [a], [b] oder [c].

Lachen ist gesund

Wenn wir lachen, wirkt sich das auf Körper und Seele aus. Lachen kann Stress abbauen, entspannen und soll Glückshormone freisetzen. Es hilft sogar gegen Schmerzen.

Wenn wir einen Witz hören oder etwas Komisches sehen, müssen wir lachen. Jetzt fanden Forscher der Universität Tübingen heraus, dass das Lachen auf die Gesundheit des Menschen einen großen Einfluss hat. Lachen hat direkten Einfluss auf Gehirnregionen, die für Emotionen und Gefühle zuständig sind. Lachen führt außerdem zu einer stärkeren Atmung und zu einer besseren Durchblutung der Haut. Nach dem Lachen sinkt der Blutdruck und Stoffe, die bei Stress auftreten, werden abgebaut; man fühlt sich entspannt und glücklich.

Dieses Ergebnis der Forschung führte in den letzten Jahren dazu, dass versucht wird, Lachen zu Geld zu machen. So wurden zahlreiche Lachclubs in Deutschland gegründet. Und an fast jeder Volkshochschule gehören Lachseminare, wo in der Gruppe jeder jeden zum herzlichen Lachen bringt, zum Alltagsangebot. Aber, so warnt eine Forscherin: Lachen entspannt nur, wenn es aus einem lustigen Grund geschieht. Lacht jemand aus Schadenfreude oder um zu kritisieren, fällt die entspannende Wirkung weg.

Aus einem Gesundheitsmagazin

Beispiel

0   Forscher der Universität Tübingen haben . . .

☒   die Wirkung von komischen Dingen untersucht.

[b]   untersucht, was die Gesundheit beeinflusst.

[c]   verschiedene Gehirnregionen analysiert.

---

7   In diesem Text geht es darum, . . .

[a]   wie man sich besser entspannen kann.

[b]   dass Lachen eine Wirkung auf den Körper hat.

[c]   dass das Lachen Stress verhindert.

8   In einem Lachclub oder Lachseminar kann man . . .

[a]   Geld verdienen.

[b]   etwas für seinen Alltag lernen.

[c]   mit anderen zusammen lustig sein.

9   Die Forscherin meint, dass Lachen . . .

[a]   allein nicht entspannt.

[b]   dem Körper normalerweise nicht nutzt.

[c]   einen witzigen Grund haben sollte.

Lesen Sie den Text aus der Presse und die Aufgaben 10 bis 12 dazu.
Wählen Sie bei jeder Aufgabe die richtige Lösung a , b oder c .

Berufspraktikum und Berufsberatung in der Mittelstufe

Um die eigenen Interessen und Fähigkeiten kennenzulernen und zu erproben, sind praktische Erfahrungen wichtig. Alle Schülerinnen und Schüler der 10. Klasse absolvieren deshalb ein 14-tägiges Berufspraktikum. Dabei können sie einen ersten Eindruck vom Arbeitsleben und eine Entscheidungshilfe für ihre persönliche Berufswahl bekommen. Während des Praktikums und danach schreiben die Schüler einen Bericht über die Firma, in der sie gearbeitet haben.

Lehrerinnen und Lehrer helfen bei den Bewerbungsschreiben und bei der Suche nach einem Praktikumsplatz. Sie geben erste Informationen über die Aufgaben während des Praktikums und besuchen die Schülerinnen und Schüler an ihrer Arbeitsstelle. Sie sprechen auch mit Mitarbeitern, um zu sehen, ob alles gut läuft oder ob es Probleme gibt.

Alle zwei Jahre findet für die Jahrgangsstufen 10 und 11 eine Berufsinformationsveranstaltung statt, in der frühere Schüler unseres Gymnasiums über ihre jetzigen Berufe sprechen und so Informationen und Tipps aus erster Hand an unsere Schüler weitergeben. Diese persönliche Art der Berufsinformation vermittelt den Schülern auf authentische Art und Weise Einblick in die Erfahrungen von Berufspraktikern. Koordiniert wird diese Veranstaltung von Frau Gärtner.

Von der Internetseite eines Mainzer Gymnasiums

10 In diesem Text geht es um . . .

a   ein Projekt zum Kennenlernen der Arbeitswelt.

b   die Bewerbung um einen Arbeitsplatz.

c   eine Diskussionsveranstaltung der Schule.

11 Die Schülerinnen und Schüler sollen . . .

a   an die Firma einen Bericht schreiben.

b   für kurze Zeit in einer Firma arbeiten.

c   sich für einen Beruf entscheiden.

12 Zusätzlich bietet die Schule eine Veranstaltung an, bei der . . .

a   sich verschiedene Firmen vorstellen.

b   ehemalige Schüler von ihren Berufen erzählen.

c   Lehrer über verschiedene Berufe informieren.

Modelltest 3

Teil 3   Arbeitszeit: 10 Minuten

Lesen Sie die Situationen 13 bis 19 und die Anzeigen A bis J aus verschiedenen deutschsprachigen Medien. Wählen Sie: Welche Anzeige passt zu welcher Situation? Sie können **jede Anzeige nur einmal** verwenden. Die Anzeige aus dem Beispiel können Sie nicht mehr verwenden. Für eine Situation gibt es **keine passende Anzeige**. In diesem Fall schreiben Sie **0**.

Sie und einige Ihrer Kolleginnen und Kollegen möchten in den Sommerferien etwas für Ihr Deutsch tun und suchen dafür passende Möglichkeiten.

Beispiel

0   Lena interessiert sich für die Zubereitung deutscher Spezialitäten.   Anzeige: b

---

13 Alona liest gern klassische Literatur und möchte in den Ferien zu Hause bleiben.   Anzeige: ....

14 Marina nutzt am liebsten das Internet, möchte sich aber nicht auf Termine festlegen.   Anzeige: ....

15 Mario möchte deutsche Universitäten kennen lernen.   Anzeige: ....

16 Anastasia liest am liebsten aktuelle Liebesromane auf Deutsch.   Anzeige: ....

17 Nataliya würde gern vier Wochen in einer deutschen Familie verbringen.   Anzeige: ....

18 Henry würde gern mithilfe von Filmen etwas über das Leben in Deutschland erfahren.   Anzeige: ....

19 Aaron liebt das Meer und möchte eine Schiffsreise machen.   Anzeige: ....

---

a

Hermann Hesse

Romane, Briefe und Gedichte

Ein Hörbuch

Der Schauspieler Helmut Griem liest Teile aus dem Werk des bekannten deutschen Schriftstellers Hermann Hesse (1877 – 1962).
2 CDs, ca. 90 Minuten

Als Einführung in das Werk Hesses sehr gut geeignet.

---

b

Deutsch in der Küche

Warum nicht das Angenehme mit dem Nützlichen verbinden?

Lernen Sie die deutsche Sprache und Küche gleichzeitig kennen.
Kombinierte Sprachkurse auf allen Niveaustufen und Kochkurse für Anfänger bis Fortgeschrittene.

www.deutsch-in-der-kueche.de

c

Leseurlaub am Bodensee (1-wöchig)

Gemeinsam mit anderen Menschen Romane
und Gedichte lesen und darüber diskutieren
Wanderungen mit Leseveranstaltungen
Unterkunft im Clubhotel am See, Vollpension

www.leseclub-bodensee.de

d

Online-Sprachpartner

**Vermittlung von Sprachpartnern in
Deutschland, Österreich und der Schweiz.**
Zu vereinbarten Uhrzeiten „treffen" Sie sich
mit Ihrem Sprachpartner am Computer
und diskutieren auf Deutsch alles, was Sie
bewegt. Sie verbessern dabei ohne Mühe
Wortschatz und Ausdruck.
www.online-sprachpartner.de

e

Gaby Hauptmann
Ich liebe dich – aber heute nicht
Roman

Ein wunderbarer Roman über das wirkliche
Leben und die große Liebe, die nicht so einfach
ist, wie viele meinen

Piper-Verlag
erschienen Sommer 2013

f

**Sommerkurs an einer Universität in
Deutschland**

➤ 3–6 Wochen
➤ alle Stufen A1–C2
➤ täglicher Unterricht montags bis freitags
   9–13 Uhr
➤ nachmittags Besichtigungen und Projekte
➤ am Wochenende frei für Ausflüge

www.sommerkurs.de

g

Erste Wege in Deutschland
Kurzfilme über das Leben in Deutschland

Begleiten Sie die junge Nevin beim
• Fahrkartenkauf
• Einkaufsbummel
• Arzt
• auf einer Party

Zu jedem Kurzfilm gibt es Online-Übungen
Konzeption: Goethe-Institut

h

Deutsch lernen auf dem Schiff

5-tägige Schiffsfahrt auf der Nordsee von Hamburg
nach Bremerhaven, Norderey, Helgoland, Sylt

Auf dem Schiff täglich Deutschunterricht
Kennen lernen der Nordsee-Tierwelt
Hilfsarbeiten auf dem Schiff
Abends Strandpartys

www.deutsch-auf-dem-schiff.de

i

Kimos Blog

Internetblog über Deutschland auf Deutsch
Was ist neu in Deutschland?
Was ist komisch für euch?
Hier können wir darüber sprechen – zu jeder Zeit.
Ab Niveau A1.
www.deutschsprechen.de

j

Johann Wolfgang von Goethe
Die Leiden des jungen Werthers

Klassiker der Weltliteratur

Der junge Werther verliebt sich in Lotte,
die jedoch schon mit einem anderen Mann
zusammenlebt. Die unglückliche Liebe
treibt ihn schließlich in den Selbstmord.

Modelltest 3

Lesen

Teil 4 Arbeitszeit: 15 Minuten

Lesen Sie die Texte 20 bis 26. Wählen Sie: Ist die Person **für ein Verbot**?

In einer Zeitschrift lesen Sie Kommentare zu einem Artikel über das Verbot von Speisen und Getränken in öffentlichen Verkehrsmitteln.

Beispiel
0 Alexander   Ja   ~~Nein~~

20 Karin	Ja	Nein	
21 Lutz	Ja	Nein	
22 Nadja	Ja	Nein	
23 Erik	Ja	Nein	

24 Angelika	Ja	Nein
25 Stefan	Ja	Nein
26 Beate	Ja	Nein

Leserbriefe

Beispiel Schon wieder ein Verbot. Wollen die Verkehrsbetriebe jetzt auch noch beim Reinigungspersonal sparen? Wie anders ist es zu verstehen, dass wir in Zukunft hungrig Bus oder Straßenbahn fahren sollen. Damit wird das Bus- und Bahnfahren nicht besser für die Fahrgäste. Wann kommt die Pflicht, Busse nur noch mit Hausschuhen betreten zu dürfen?

Alexander, 30 Jahre

20 Für mich hat es viel zu lange gedauert, bis die Verkehrsbetriebe diesen Schritt getan haben. Denn oft steigt man in eine Straßenbahn ein und ärgert sich, weil auf dem einzigen freien Sitz Reste von Eiscreme zu sehen sind. Die Leute sind oft unachtsam, wenn sie in der Bahn etwas essen oder trinken, und andere Leute machen sich dann die Kleidung schmutzig.

Karin, 48 Jahre

21 Ich ärgere mich jedes Mal, wenn ich Bus fahre und junge Leute unangenehm riechende Speisen wie Pommes frites oder Bratwürste essen. Am besten wirft man dann die Reste einfach noch unter den Sitz. Das ist jetzt hoffentlich vorbei.

Lutz, 60 Jahre

22 Wenn wir um halb drei die Schule verlassen, haben wir vor allem eins: Hunger. Mit dem Bus nach Hause zu fahren dauert bei mir über eine Stunde, so dass ich bis zum Nachmittag nichts gegessen habe, wenn das Verbot eingeführt wird. In der Schule haben wir nur relativ kurze Pausen und außer Süßem gibt es im Schulkiosk nichts Richtiges zum Essen.

Nadja, 16 Jahre

23 Alle regen sich darüber auf, dass die Busse und Bahnen in diesem Land oft schmutzig sind. Doch keiner kommt auf die Idee, dass es ja wir Fahrgäste sind, die den Schmutz in die Verkehrsmittel hineinbringen. Wir brauchen keine Verbote, sondern müssen uns selbst bemühen, unseren Müll nicht überall liegenzulassen.

Erik, 35 Jahre

24 Wenn die Verkehrsbetriebe schon das Essen in den Bussen und Bahnen verbieten, dann sollen sie doch bitteschön gleichzeitig auch diese nervtötenden Handys und das Abspielen von Musik verbieten. Denn nicht nur schmutzige Sitze sind ärgerlich, auch der Lärm, den andere Fahrgäste verursachen, ist schlimm. Für das Verbot wurde es schon lange Zeit.

Angelika, 51 Jahre

25 Neulich hatte ich richtig Ärger mit ein paar Leuten im Bus, weil ich mir eine Dose mit Limonade aufgemacht habe. Es war an diesem Tag sehr heiß und ich war nach der Schule durstig. Ich kann ja aufpassen, wenn ich im Bus etwas trinke. Das Verbot haben sich wohl Leute ausgedacht, die nicht oft mit dem Bus fahren müssen.

Stefan, 18 Jahre

26 Ich kann verstehen, wenn in der Straßenbahn alkoholische Getränke verboten sind. Denn die Leute, die während der Fahrt ihr Bier oder einen Schnaps trinken, sind häufig keine angenehmen Fahrgäste. Auch wenn ich das Verbot in der jetzigen Form für zu stark halte, weil es alle trifft, habe ich doch Verständnis für seine Einführung.

Beate, 25 Jahre

Modelltest 3

Lesen

Teil 5 Arbeitszeit: 10 Minuten

Lesen Sie die Aufgaben 27 bis 30 und den Text dazu.
Wählen Sie bei jeder Aufgabe die richtige Lösung a , b oder c .

Sie haben eine Wanderreise gebucht und lesen die Tipps des Reiseveranstalters.

27 Wenn man wandert, sollte man . . .

    a vorher richtig essen.

    b leichte Nahrungsmittel mitnehmen.

    c keinen Zucker essen.

28 Damit Ihre Füße nicht weh tun, sollten Sie . . .

    a gut sitzende Schuhe tragen.

    b keine modischen Schuhe anziehen.

    c Spezialschuhe zum Wandern mitnehmen.

29 Für den Körper ist es wichtig, dass man . . .

    a wenig Alkohol trinkt.

    b ihm Flüssigkeit zuführt.

    c nicht zu viel schwitzt.

30 Bei der Bewegung im Freien . . .

    a braucht man viele unterschiedliche Kleidungsstücke.

    b muss man auf Wetteränderungen vorbereitet sein.

    c spielt das Wetter keine Rolle.

Wir freuen uns, dass Sie sich für eine Wanderung mit unserem Reiseunternehmen entschieden haben. Damit Sie gut vorbereitet sind, haben wir ein paar Tipps zusammengestellt.

Das gehört in den Rucksack:

Getränke

Sie sollten bei jeder Wanderung etwas zu trinken dabei haben. Denn durch die Bewegung schwitzt man und verliert Flüssigkeit. Am besten geeignet sind Mineralwasser, Tees und Fruchtsaftschorle. Alkoholische Getränke sollte man dagegen vermeiden.

Essen

Auf keinen Fall sollten Sie schwere oder fettreiche Nahrungsmittel mitnehmen. Beim Wandern verbraucht man Kalorien durch die Verbrennung von Zucker. Obst, Nüsse oder kleine Snacks mit Brot sind am besten geeignet. Auch wer es gewöhnt ist, längere Zeit nichts zu essen, bekommt ohne kleinere Knabbereien schnell Hunger.

Kleidung

Ein Sonnenbrand kommt schneller als man denkt. Besonders Personen mit dünnem Haar sollten eine Mütze mitnehmen. Für unerwartete Regenschauer gibt es besonders leichte Regenjacken, die man gut im Rucksack unterbringen kann. Regenschirme oder normale Jacken sind zu schwer und zu unhandlich. Für das Ende der Wanderung am Abend sollte man auf jeden Fall einen Pullover oder eine Strickjacke dabei haben, denn nach der intensiven Bewegung kühlt der Körper schnell aus.

Schuhe

Tragen Sie feste, aber bequeme Schuhe. Es müssen nicht unbedingt spezielle Wanderschuhe sein, aber Turnschuhe oder modische Sandalen sind zu leicht, man kann sich mit ihnen zu leicht verletzen. Hohe Absätze an den Schuhen können im Wald sogar gefährlich sein, denn die Wege sind nicht immer befestigt.

Modelltest 3

Teil 1

19 ◉ Sie hören nun fünf kurze Texte. Sie hören jeden Text **zweimal**. Zu jedem Text lösen Sie zwei Aufgaben.
Wählen Sie bei jeder Aufgabe die richtige Lösung.
Lesen Sie zuerst das Beispiel. Dazu haben Sie 10 Sekunden Zeit.

> **Beispiel**
> **01** Sandra und Christoph wollten zu einem Fest gehen.   ~~Richtig~~   Falsch
>
> **02** Sandra schlägt vor, …
>   a   sich am Abend mit Christoph zu treffen.
>   ☒   am Wochenende am Fluss zu grillen.
>   c   lieber Salat als Fleisch mitzubringen.

20 ◉ **Text 1**
1 Das Wetter ändert sich in der nächsten Woche.   Richtig   Falsch

2 Am Sonntagvormittag …
    a   gibt es ein Gewitter.
    b   kommt ein wenig Regen.
    c   sind die Temperaturen sehr hoch.

21 ◉ **Text 2**
3 Christian erwartet Besuch von einer Freundin.   Richtig   Falsch

4 Vera …
    a   hat Christian ihre Ankunftszeit geschrieben.
    b   hat nach der Bahnfahrt sicher Hunger.
    c   nimmt den Zug um 16:30 Uhr ab Frankfurt.

22 ◉ **Text 3**
5 Herr Jäger ruft wegen eines Rechtsproblems an.   Richtig   Falsch

6 Dieter Jäger ruft an, weil …
    a   die Polizei ein Unfallfoto gemacht hat.
    b   er die Schuld an dem Unfall nicht beweisen kann.
    c   sich ein Zeuge gemeldet hat.

23 ◉ **Text 4**
7 Die Verkehrsbetriebe informieren über eine Baustelle.   Richtig   Falsch

8 Die Fahrgäste …
    a   sollen bis zum Betriebsende die U-Bahn nehmen.
    b   erreichen den Hauptbahnhof mit der Straßenbahn oder mit der S-Bahn.
    c   müssen zu Fuß zum Hauptbahnhof gehen.

24 Text 5

9 Frau Schmitt hat bei der Volkshochschule einen Kurs gebucht.

Richtig   Falsch

10 Für den Kurs …

a bekommt Frau Schmitt einen Gutschein.

b gibt es zu wenig Anmeldungen.

c gibt es noch keinen neuen Termin.

Teil 2

25 Sie hören nun einen Text. Sie hören den Text **einmal**. Dazu lösen Sie fünf Aufgaben.
Wählen Sie bei jeder Aufgabe die richtige Lösung a , b oder c .
Lesen Sie jetzt die Aufgaben 11 bis 15. Dazu haben Sie 60 Sekunden Zeit.

Sie nehmen an einer Führung durch eine Schweizer Schokoladenfabrik teil.

11 Die Firma Jäggli …

a gibt es noch nicht sehr lange.

b ist froh, dass man sie kennt.

c probiert viele Produkte aus.

12 Was sehen die Besucher im Wintergarten?

a bereits fertige Schokoladenprodukte

b ein Video über die Produktion von Schokolade

c für die Produktion verwendete Pflanzen

13 Herr Jäggli wird den Besuchern …

a viele Fragen stellen, die für die Führung wichtig sind.

b die Gelegenheit geben, Schokolade zu probieren.

c einen Film über die Mayas zeigen.

14 Die Ureinwohner Mexikos benutzten Kakaobohnen auch als …

a Geld.

b Hochzeitsgeschenk.

c religiöse Gegenstände.

15 Nach der Führung …

a gibt es im Laden Schokoladengeschenke.

b sollen die Besucher Spaß haben.

c können die Leute in der Stadt spazieren gehen.

Modelltest 3

Teil 3

26 ⊚ Sie hören nun ein Gespräch. Sie hören das Gespräch **einmal**. Dazu lösen Sie sieben Aufgaben.
Wählen Sie: Sind die Aussagen Richtig oder Falsch ?
Lesen Sie die Aufgaben 16 bis 22. Dazu haben Sie 60 Sekunden Zeit.

*Sie sitzen in der Mensa einer Universität und hören, wie sich zwei Studenten über ihre Semesterferien
unterhalten.*

		Richtig	Falsch
16	Klaus hat einen Termin an der Universität.	Richtig	Falsch
17	Klaus und Eva möchten nach Venedig fliegen.	Richtig	Falsch
18	Klaus geht gern in Modegeschäften einkaufen.	Richtig	Falsch
19	Die Freundin von Klaus interessiert sich für Geschichte.	Richtig	Falsch
20	Eva wird einmal Sekretärin.	Richtig	Falsch
21	Die Arbeit hilft Eva beim Studium.	Richtig	Falsch
22	Klaus hofft, dass sein Job nicht zu anstrengend wird.	Richtig	Falsch

Teil 4

27 ⊚ Sie hören nun eine Diskussion. Sie hören die Diskussion **zweimal**. Dazu lösen Sie acht Aufgaben.
Ordnen Sie die Aussagen zu: **Wer sagt was?**
Lesen Sie die Aussagen 23 bis 30. Dazu haben Sie 60 Sekunden Zeit.

Der Moderator der Sendung „Diskussion nach acht" diskutiert mit dem Ernährungswissenschaftler Dr. Spay und der zweifachen Mutter, Frau Sturm, über das Thema „Gesund essen in der Schule".

	Moderator	Dr. Spay	Frau Sturm
Beispiel **0** Dr. Spay ist Spezialist für gesundes Essen.	☒	b	c
23 Kinder sollten zu Hause frühstücken.	a	b	c
24 Kinder essen meistens nur, was ihnen schmeckt.	a	b	c
25 Kinder mögen Süßigkeiten lieber als Salat.	a	b	c
26 Das Mittagessen an Ganztagsschulen wird von Experten geplant.	a	b	c
27 Die Kinder kritisieren das Schulessen oft.	a	b	c
28 Das Schulmittagessen wird nicht frisch gekocht.	a	b	c
29 Gutes Essen zu kochen ist zu teuer.	a	b	c
30 Man muss einen Kompromiss finden zwischen „gut" und „preiswert".	a	b	c

Modelltest 3

Schreiben

Aufgabe 1 Arbeitszeit: 20 Minuten

Sie haben am letzten Wochenende ein internationales Fest besucht. Ein Freund / eine Freundin konnte nicht teilnehmen, weil er / sie verreist war.

– Beschreiben Sie: Wie war das Fest?
– Begründen Sie: Was hat Ihnen besonders gut gefallen und warum?
– Machen Sie einen Vorschlag für ein Treffen, um mehr von dem Fest zu erzählen.

> Schreiben Sie eine E-Mail (circa 80 Wörter).
> Schreiben Sie etwas zu allen drei Punkten.
> Achten Sie auf den Textaufbau (Anrede, Einleitung, Reihenfolge der Inhaltspunkte, Schluss).

Aufgabe 2 Arbeitszeit: 25 Minuten

Sie haben im Fernsehen eine Diskussionssendung zum Thema „Sind Kinder heute faul und dick?" gesehen. Im Online-Gästebuch der Sendung finden Sie folgende Meinung:

⊗

www.schoene_neue_welt.at

Forum Diskussion

Ricarda 3.2., 15:45 Uhr	Die Informationen aus der Sendung finde ich schlimm. Immer mehr Kinder bewegen sich viel zu wenig und ernähren sich falsch. Die Folge: Sie werden dick und sind nicht mehr leistungsfähig. Aber stimmt das wirklich?

> Schreiben Sie nun Ihre Meinung (circa 80 Wörter).

Aufgabe 3 Arbeitszeit: 15 Minuten

Auf der Infotafel Ihrer Schule haben Sie ein Angebot für ein fast neues Sportfahrrad gefunden. Der frühere Besitzer, Herr Geier, möchte es für 300 Euro verkaufen.

Schreiben Sie an Herrn Geier. Teilen Sie Ihr Interesse an dem Fahrrad mit und bitten Sie höflich um einen Termin für ein Treffen.

> Schreiben Sie eine E-Mail (circa 40 Wörter).
> Vergessen Sie nicht die Anrede und den Gruß am Schluss.

Sprechen

Teil 1   Gemeinsam etwas planen

Sie möchten mit Ihrem Deutschkurs für einen Tag eine Großstadt in Deutschland, Österreich oder der Schweiz besuchen. Sie planen den Ausflug mit einem Kollegen / einer Kollegin aus dem Kurs. Überlegen Sie sich ein passendes Programm.

Sprechen Sie über die Punkte unten, machen Sie Vorschläge und reagieren Sie auf die Vorschläge Ihres Gesprächspartners / Ihrer Gesprächspartnerin.
Planen und entscheiden Sie gemeinsam, was Sie tun möchten.

Großstadtbesuch planen

– *Wann losfahren? (Tag, Uhrzeit)*

– *Wie hinkommen?*

– *Welche Kosten?*

– *Was anschauen? (Museum, Parks, Schloss, Einkaufsmöglichkeiten, …)*

– *Was mitnehmen?*

– *…*

Modelltest 3

Sprechen

Teil 2   Ein Thema präsentieren

Sie sollen Ihren Zuhörern ein aktuelles Thema präsentieren. Dazu finden Sie hier fünf Folien.
Folgen Sie den Anweisungen links und schreiben Sie Ihre Notizen und Ideen rechts daneben.

Kandidat A

Stellen Sie Ihr Thema vor.
Erklären Sie den Inhalt
und die Struktur Ihrer
Präsentation.

> Folie 1   Unsere Welt muss anders werden
>
> *Was kann ich persönlich für die Umwelt tun?*

....
....
....
....
....

Berichten Sie von
Ihrer Situation oder
einem Erlebnis im
Zusammenhang mit
dem Thema.

> Folie 2   Was kann ich persönlich für die Umwelt tun?
>
> *Meine persönlichen Erfahrungen*
>
> Energie sparen! € €

....
....
....
....
....

Berichten Sie von der
Situation in Ihrem
Heimatland und geben
Sie Beispiele.

> Folie 3   Was kann ich persönlich für die Umwelt tun?
>
> *Was tun die Menschen in meinem Heimatland,
> um die Umwelt zu schützen?*

....
....
....
....
....

Nennen Sie die Vor- und
Nachteile und sagen
Sie dazu Ihre Meinung.
Geben Sie auch Beispiele.

> Folie 4   Was kann ich persönlich für die Umwelt tun?
>
> *Vor- und Nachteile
> & meine Meinung*

....
....
....
....
....

Beenden Sie Ihre
Präsentation und
bedanken Sie sich bei
den Zuhörern.

> Folie 5   Was kann ich persönlich für die Umwelt tun?
>
> *Abschluss & Dank*

....
....
....
....
....

Kandidat B

Stellen Sie Ihr Thema vor.
Erklären Sie den Inhalt
und die Struktur Ihrer
Präsentation.

Tierische Mitbewohner

Folie 1

**Sind Hunde
oder Katzen
des Menschen
beste Freunde?**

....
....
....
....
....
....

Berichten Sie von
Ihrer Situation oder
einem Erlebnis im
Zusammenhang mit
dem Thema.

Sind Hunde oder Katzen des Menschen
beste Freunde?

Folie 2

**Meine persönlichen
Erfahrungen**

....
....
....
....
....

Berichten Sie von der
Situation in Ihrem
Heimatland und geben
Sie Beispiele.

Sind Hunde oder Katzen des Menschen
beste Freunde?

Folie 3

**Haustiere
in meinem
Heimatland**

....
....
....
....
....

Nennen Sie die Vor- und
Nachteile und sagen
Sie dazu Ihre Meinung.
Geben Sie auch Beispiele.

Sind Hunde oder Katzen des Menschen
beste Freunde?

Folie 4

**Vor- und Nachteile
& meine Meinung**

....
....
....
....
....

Beenden Sie Ihre
Präsentation und
bedanken Sie sich bei
den Zuhörern.

Sind Hunde oder Katzen des Menschen
beste Freunde?

Folie 5

Abschluss & Dank

....
....
....
....
....

Teil 3   Über ein Thema sprechen

Nach Ihrer Präsentation:
Reagieren Sie auf die Rückmeldung und Fragen der Prüfer/-innen und des Gesprächspartners / der
Gesprächspartnerin.

Nach der Präsentation Ihres Partners / Ihrer Partnerin:
a) Geben Sie eine Rückmeldung zur Präsentation Ihres Partners / Ihrer Partnerin
    (z. B. wie Ihnen die Präsentation gefallen hat, was für Sie neu oder besonders interessant war usw.).
b) Stellen Sie auch eine Frage zur Präsentation Ihres Partners / Ihrer Partnerin.

Modelltest 4

Lesen

Teil 1   Arbeitszeit: 10 Minuten

Lesen Sie den Text und die Aufgaben 1 bis 6 dazu.
Wählen Sie: Sind die Aussagen Richtig oder Falsch ?

Liebe Svenja,

stell dir vor, was hier in unserer Nachbarschaft passiert ist: Da klopft es bei Hubers, die im übernächsten Haus wohnen, am Abend an der Wohnungstür. Frau Huber öffnet die Tür, um zu sehen, wer draußen ist. Es ist ein Waschbär. Du weißt doch, Waschbären sind diese Tiere, die wie große, dicke, graue Katzen aussehen, aber im Gesicht eine braune Maske wie ein Einbrecher tragen. Das Tier rennt an Frau Huber vorbei in die Wohnung und schnappt sich eine Tüte Kartoffelchips, mit der es hinter dem Sofa verschwindet. Die herbeigerufene Polizei versucht mit Katzenfutter den Waschbären zu überreden, aus der Wohnung zu gehen. Doch erst eine weitere Nachbarin, Frau Kranz, schafft es, das Tier mit Haarspray zum Verlassen der Wohnung zu bewegen. In einer anderen Straße ist ein Waschbär sogar durch das geöffnete Fenster ins Schlafzimmer eines Hauses gekommen und hat es sich im Bett gemütlich gemacht.
In der Zeitung stand heute, dass es in Deutschland immer mehr Waschbären gibt, in einigen Regionen so viele, dass sie dort sogar schon zum Problem geworden sind. Sie kommen nicht nur immer öfter in die Häuser, im Sommer holen sie sich das Obst in den Gärten und lassen den Gartenbesitzern keine Chance. Besonders gern mögen sie Kürbis, Kirschen und Pflaumen. Eigentlich stammen die Waschbären aus Nordamerika. Ein Tierliebhaber brachte Mitte des letzten Jahrhunderts ein Paar davon nach Deutschland und ließ sie am Edersee in Nordhessen in die Freiheit. Ohne natürliche Feinde wurden die Waschbären schnell immer mehr, im Moment sollen es mehr als 100.000 sein, die in Hessen sowie Nordbayern und Baden-Württemberg leben. In Kassel besetzen sie inzwischen die Treppen zur Stadthalle und haben auch schon eine Straßenbahn gestoppt. Waschbären sind sehr intelligente Tiere. Deshalb kommen sie gern zu den Menschen, weil sie gelernt haben, dass es dort genug zu essen gibt und dass sie in den Häusern immer ein bequemes und warmes Plätzchen zum Schlafen finden können. Da sie gut klettern können, steigen sie gern über geöffnete Dachfenster ein. Seit dem Ereignis bei Hubers mache ich jedenfalls bei mir am Abend alle Türen und Fenster zu.

Viele Grüße
Carola

Beispiel

0 Frau Huber bekam ungewöhnlichen Besuch. ~~Richtig~~ | Falsch

1 Der Waschbär hat in der Wohnung der Hubers etwas zu essen gefunden. Richtig | Falsch

2 Die Polizei konnte das Tier fangen. Richtig | Falsch

3 Ein anderer Waschbär kam durch ein Fenster zu seinem Schlafplatz. Richtig | Falsch

4 Gartenbesitzer ernten durch die Tiere weniger. Richtig | Falsch

5 Waschbären behindern oft den Straßenverkehr. Richtig | Falsch

6 Bei den Menschen finden diese Tiere alles, was sie für ein bequemes Leben brauchen. Richtig | Falsch

Modelltest 4

Teil 2   Arbeitszeit: 20 Minuten

Lesen Sie den Text aus der Presse und die Aufgaben 7 bis 9 dazu.
Wählen Sie bei jeder Aufgabe die richtige Lösung a , b oder c .

Das Problem Lärm

Autos, die laut hupen, Handwerker, die in der Nachbarwohnung Krach machen, Flugzeuge, Züge, die am Haus vorbeirauschen, Straßenreinigungsmaschinen vor dem Fenster – sie alle machen Lärm. Dagegen lässt sich meistens nicht viel tun, außer die Fenster geschlossen zu lassen oder in ein Haus weit weg von der Stadt umzuziehen.

Doch viele Leute machen sich den Lärm auch selbst: Kopfhörer am MP3-Player, mit denen viele laut ihre Musik hören, erreichen oft weit höhere Lärmwerte als der Auto- oder Flugzeugverkehr. Trotzdem fühlen sich viele vom selbstgemachten Lärm nicht gestört.

Dafür aber umso mehr von dem Lärm, den andere machen. Wissenschaftler haben herausgefunden, dass das Gefühl für Lärm sehr persönlich ist. Was den einen stört, ist für den anderen kein Problem. Es lässt sich auch nicht einfach messen, ab welchen Dezibel-Werten Lärm stört oder nicht. Fest steht nur: Pausenloser Lärm hat auf die Gesundheit des Menschen eine negative Wirkung. Schlaflosigkeit, Hörprobleme oder Probleme mit Herz und Kreislauf können Folgen von zu viel Lärm sein.

Aus einer Broschüre zum Thema Lärm

Beispiel

0 Gegen die meisten Lärmursachen ...

    a   gibt es Möglichkeiten, sich zu schützen.

    b   haben die Menschen nichts einzuwenden.

    ☒   kann man sich nicht wehren.

7 In diesem Text geht es um ...

    a   den Lärm in großen Städten.

    b   den Lärm in privaten Haushalten.

    c   Lärm als Gesundheitsrisiko.

8 Wie sehr Lärm uns stört, ...

    a   hängt von der Lautstärke ab.

    b   ist abhängig von der persönlichen Stimmung.

    c   ist individuell verschieden.

9 Ständiger Lärm ...

    a   kann leicht gemessen werden.

    b   kann zu Krankheiten führen.

    c   muss kein Problem sein.

Lesen Sie den Text aus der Presse und die Aufgaben 10 bis 12 dazu.
Wählen Sie bei jeder Aufgabe die richtige Lösung a , b oder c .

Ski fahren in Tirol – ein Traum

Wer gern Ski fährt oder andere Wintersportarten mag, wird begeistert sein von Tirol, dem Herzen Westösterreichs. Am über 2.300 Meter hohen Wilden Kaiser, zwischen den Orten Kufstein und Sankt Johann, befindet sich eines der größten zusammenhängenden Wintersportgebiete der österreichischen Alpen. Modernste Lifts bringen die Wintersportfreunde nach oben auf die Berge. Mehr als 100 km kann ein Skilangläufer hier zurücklegen, dazwischen gibt es zahlreiche Berghütten und Restaurants, in denen man sich für den nächsten Teil der Skiwanderung stärken kann. Natürlich veranstalten die Skischulen auch Skikurse für Anfänger und Fortgeschrittene, und auch für die Kleinsten gibt es zahlreiche Wintersportmöglichkeiten. Im Winterkindergarten können die Kinder ohne Gefahr im Schnee spielen. Neu in diesem Jahr ist die Ski-Movie-Anlage in Scheffau: Hier kann man sich beim Skifahren filmen lassen und bekommt eine DVD als Souvenir für zu Hause.

Übrigens: In einigen Regionen ist auch im Sommer Ski fahren möglich. Eine Kunstschneeanlage im Brixental macht es möglich, das ganze Jahr über Wintersport zu treiben.

Aus einer österreichischen Tourismus-Broschüre

10 **In diesem Text geht es um . . .**

a ganzjährige besondere Angebote für Urlauber.

b Wandertouren in den österreichischen Alpen.

c Wintersportmöglichkeiten für die ganze Familie.

11 **Neben dem Wintersport kann man . . .**

a auf die Berghöhen hinauf wandern gehen.

b die gute Tiroler Küche probieren.

c überall mit den Kindern im Schnee spielen.

12 **Skifahrer können . . .**

a eine Video-DVD von sich selbst machen lassen.

b ganzjährig in der gesamten Region Ski fahren.

c persönliche Souvenirs aus ihrem Urlaub erwerben.

Lesen

Teil 3 Arbeitszeit: 10 Minuten

Lesen Sie die Situationen 13 bis 19 und die Anzeigen A bis J aus verschiedenen deutschsprachigen Medien. Wählen Sie: Welche Anzeige passt zu welcher Situation? Sie können **jede Anzeige nur einmal** verwenden. Die Anzeige aus dem Beispiel können Sie nicht mehr verwenden. Für eine Situation gibt es **keine passende Anzeige**. In diesem Fall schreiben Sie **0**.

Einige Ihrer Kolleginnen und Kollegen möchten in Frankfurt am Main arbeiten und suchen dafür passende Wohnmöglichkeiten.

Beispiel

0 Svetlana ist Flugbegleiterin und möchte schnell an ihren Arbeitsplatz kommen.   Anzeige: d

---

13 Wang muss oft mit dem Zug fahren und sucht ein ruhiges Zimmer am Bahnhof.   Anzeige: ....

14 Eva sucht mit ihrer Freundin Hannah eine Wohnung mit Balkon im Zentrum.   Anzeige: ....

15 Anton sucht für sich und seine Familie eine kinderfreundliche Wohnung.   Anzeige: ....

16 Nils sucht eine preiswerte Wohnung (unter 700 €) auf dem Land.   Anzeige: ....

17 Anna sucht ein Studentenzimmer in Universitätsnähe.   Anzeige: ....

18 Ken hätte gern eine besondere Wohnmöglichkeit.   Anzeige: ....

19 Olga und Elena suchen zusammen eine möblierte Wohnung.   Anzeige: ....

---

a

Zentrum – Altstadt,

Nähe Dom, 3-Zimmer-Wohnung mit Bad und Balkon
70m², frisch renoviert, gute Ausstattung, erster Stock in Mehrfamilienhaus,
zentrale Lage
1.040, – € zzgl. Nebenkosten

Tel. 069 777232

---

b

Neubau

ca. 5 km vom Zentrum, gute Straßenbahnverbindung, 74 m², 2 Zimmer, große Wohnküche, komplett eingerichtet mit modernsten Küchengeräten, großes Bad, Balkon, Parkplatz in der Tiefgarage, 1.400, – € plus NK

Bitte kontaktieren Sie mich unter meier@meier.de

c

Supergünstiges Appartement

direkt gegenüber vom Hauptbahnhof
29 m², Neubau, 7. Stock, Aufzug
vorhanden
große, helle Fenster, Einbauküche
Lage zum Hof, daher sehr ruhig
450, – € plus NK

Tel: 069 234567

d

1-Zimmer-Etagenwohnung

50 m², 5. Stock, Altbau renoviert, zentrale
Lage, U-Bahn-Station vor dem Haus,
15 Minuten zum Flughafen
separate komplett eingerichtete Küche
und großes Bad
960 € (inkl. NK)

Infos unter **www.primawohnen.de**

e

Möbliertes Zimmer

5 Min Fußweg zur Universität
3. Stock, 15 m², Gemeinschaftsbad auf
dem Flur,
Kochecke, Teppichboden
junge Mieter willkommen
350 € (inklusive Nebenkosten)
E-Mail: wagner@vermietung.com

f

Zimmer

12 m², Kochecke und Dusche / WC
in ruhigem Haus
an ruhige Mieter (keine Musik)
ideal als Zweitwohnung unter der Woche
400 € (inkl. Nebenkosten)
Tel: 069 545 656

g

60 m²-Wohnung am Stadtrand

für bis zu zwei Personen
nur Nichtraucher
Bad und Küche neu (Einbauküche)
komplett modern möbliert
Südbalkon
1.150,– € (NK inkl.)
Tel: 069 223344

h

KURZZEITAPPARTEMENT

*Neubau, 16m², Miniküche mit Toaster,
Mikrowelle und Wasserkocher,
Kühlschrank, Kochplatten,
kleines Einbaubad,
freier Internetzugang,
kostenloser Parkplatz, S-Bahn-Verbindung
zum Zentrum (ca. 20 Minuten)
150,– € pro Woche*

i

Wohnen auf dem Bauernhof

3- oder 4-Zimmerwohnungen in ehemaligem
Bauernhof (100 –120 m²)
große modern ausgestattete Einbauküche
Bad / WC
großer Innenhof mit Kinderspielplatz
kostenloser Parkplatz
1.500,– € (+ Nebenkosten)

j

Wohnen im Zirkuswagen

kleine Siedlung aus 10 ehemaligen Bau-
oder Zirkuswagen, bequem eingerichtet,
Gemeinschaftsküche und Gemeinschaftsbad,
wohnen wie in einer WG, sehr naturnah
150,– €
Tel. 069 333444 oder einfach vorbeikommen

Modelltest 4

Lesen

Teil 4 Arbeitszeit: 15 Minuten

Lesen Sie die Texte 20 bis 26. Wählen Sie: Ist die Person **für ein Verbot**?

In einer Zeitschrift lesen Sie Kommentare zu einem Artikel über das Verbot von Handys während des Schulunterrichts.

Beispiel
0 Karl   Ja   ~~Nein~~

20 Karin   Ja   Nein

21 Ingolf   Ja   Nein

22 Lisa   Ja   Nein

23 Otto   Ja   Nein

24 Natascha Ja   Nein

25 Steffen Ja   Nein

26 Nena   Ja   Nein

Leserbriefe

Beispiel Ich finde, man muss von Situation zu Situation entscheiden, ob Handys im Unterricht erlaubt sind oder nicht. Wenn zum Beispiel die Eltern eine wichtige Nachricht für den Schüler haben, zum Beispiel einen Arzttermin, dann muss ihn diese Nachricht auch so schnell wie möglich erreichen können.

Karl, 30 Jahre, Köln

20 Ich bin in der Schule, um etwas zu lernen. Das kann ich am besten, wenn ich mich auf den Unterrichtsstoff konzentrieren kann. Ein klingelndes Handy lenkt aber ab, und es ist schwer, wieder zum Thema zurückzufinden, wenn man einmal unterbrochen worden ist. Ich finde es also okay, wenn Handys aus bleiben müssen.

Karin, 17 Jahre, Köln

21 Wie soll ich den Schülerinnen und Schülern Englisch beibringen, wenn dauernd irgendwo ein Klingelton stört und die Angerufenen mitten im Unterricht den Raum verlassen, um zu telefonieren. Natürlich behaupten alle, der Anruf sei wichtig gewesen, aber es kann doch nicht sein, dass ein Anruf wichtiger als das Lernen ist. Handys gehören nicht in den Unterricht!

Ingolf, 40 Jahre, Bergisch-Gladbach

22 Mein Sohn ist den ganzen Vormittag in der Schule. Ich muss als Mutter doch wissen, ob es ihm gut geht. Jetzt hat die Schulleitung die Handys in der Schule verboten. Man will anscheinend nicht, dass wir Eltern mit unseren Kindern Kontakt haben. Das, finde ich, ist eine Frechheit!

Lisa, 34 Jahre, Köln

23 Ich habe mit meinen Kindern darüber diskutiert, ob Handys immer eingeschaltet sein sollten oder nicht. Die Kinder meinen, es sei wichtig, erreichbar zu sein. Aber sie geben zu, dass es auch möglich sein muss, sich ohne Mobiltelefon eine Zeit lang auf andere wichtigere Dinge konzentrieren zu können. Wenn wir das mit unseren Kindern klären können, brauchen wir kein Verbot durch die Schulleitung.

Otto, 48 Jahre, Köln

24 Die Schulleitung kommt schnell mit Verboten. Aber niemand hat versucht, mit uns über die Probleme zu sprechen, die Mobiltelefone im Unterricht verursachen können. Wie viele meiner Mitschüler bin ich gegen das Verbot, weil es uns einfach nicht erklärt wurde.

Natascha, 16 Jahre, Köln

25 Als ich von dem Handyverbot gelesen habe, dachte ich sofort: endlich! Ich arbeite als Deutschlehrer an der Volkshochschule. Und es nervt sehr, dass sich ohne Pause Mobiltelefone melden. Und das bei Erwachsenen! Gerade die sollten doch verstehen, warum Konzentration und Freiheit von Störungen im Unterricht wichtig sind.

Steffen, 35 Jahre, Bergisch-Gladbach

26 Warum muss schon wieder etwas verboten werden? Hätte es nicht gereicht, wenn sich Lehrer und Schüler zusammengesetzt und klare Regeln verabredet hätten, was man im Unterricht darf und was nicht? Denn uns stört es auch, wenn unser Deutschlehrer, während wir eine Klassenarbeit schreiben, auf seinem Handy herumtippt und seine Facebook-Kontakte bearbeitet.

Nena, 15 Jahre, Köln

Modelltest 4

Lesen

Teil 5   Arbeitszeit: 10 Minuten

Lesen Sie die Aufgaben 27 bis 30 und den Text dazu.
Wählen Sie bei jeder Aufgabe die richtige Lösung a , b oder c .

Sie wollen in der Schweiz mit dem Zug fahren und lesen die Bedienungsanleitung eines Fahrkartenautomaten.

27 An Schweizer Fahrkartenautomaten kann man ...

a	auch sein Mobiltelefon aufladen.
b	sich über Veranstaltungen informieren.
c	schneller als am Schalter eine Reise buchen.

28 Beim Berühren des Bildschirms ...

a	bekommen Sie Tipps für den Reiseweg.
b	erscheint immer eine Tastatur.
c	erscheinen die häufigsten Reiseziele.

29 Beim Bezahlen ...

a	werden alle Arten von Kreditkarten akzeptiert.
b	werden maximal 20 Franken Bargeld akzeptiert.
c	wird nicht unbegrenzt Geld zurückgegeben.

30 Beim Buchen des Tickets kann man ...

a	das Datum der Reise später ändern.
b	mehrere Billette auf einmal kaufen.
c	nach der Bestätigung der Daten noch die Rückfahrt ändern.

SBB – CFF – FFS – Ihr Billettautomat

So kommen Sie zu Ihrem Billett

Die Billettautomaten der Schweizerischen Bundesbahn mit Touch-screen bedienen Sie 24 Stunden lang an allen Tagen im Jahr schnell und zuverlässig: An jedem SBB-Bahnhof und bei vielen weiteren Transportunternehmungen. Am Billettautomaten bekommen Sie fast alle Billette, die es auch am Schalter gibt. Sie bekommen Billette aller Art, von Einzelfahrten über Mehrfahrtenkarten bis hin zu Monatsabonnementen. Aber auch viele andere Dienstleistungen, von Messe- und Freizeitangeboten bis hin zu Gesprächsguthaben für Ihr Prepaid-Mobiltelefon. Probieren Sie es aus – es geht ganz einfach.

Einfach antippen

Per Fingertipp steuern Sie durch die Menüauswahl des Automaten. Dieser folgen Sie einfach Schritt für Schritt. Los geht es mit dem Startbild. Hierauf sehen Sie die häufigsten Zielorte. Sollte Ihr Zielort nicht dabei sein, wählen Sie „andere Orte". Hier können Sie auf der Tastatur den Zielbahnhof eingeben.

Hin oder Retour?

Danach werden Sie nach der Art des Billetts gefragt: Einfach oder Retour? Erste oder zweite Klasse? Anzahl der Billette und eventuell Ermäßigungen? Am Ende müssen Sie nur noch das Datum Ihrer Reise bestätigen oder ändern. Dann zeigt Ihnen der Automat den Fahrpreis an und alle Ihre eingegebenen Daten. Diese können nach dem Bestätigen nicht mehr verändert werden.

Einfach bezahlen

Während Ihr Billett gedruckt wird, zahlen Sie mit Kleingeld, Noten oder Zahlkarten. Die Billettautomaten akzeptieren Banknoten und Kleingeld, sowie viele gängige Kredit- und andere Zahlkarten. Rückgeld erhalten Sie immer in Münzen. Bitte haben Sie Verständnis, dass die Automaten deshalb nicht mehr als 20 Franken Rückgeld geben können.

Information der Schweizerischen Bundesbahn

Modelltest 4

Hören

Teil 1

28  Sie hören nun fünf kurze Texte. Sie hören jeden Text **zweimal**. Zu jedem Text lösen Sie zwei Aufgaben. Wählen Sie bei jeder Aufgabe die richtige Lösung.
Lesen Sie zuerst das Beispiel. Dazu haben Sie 10 Sekunden Zeit.

> **Beispiel**
> **01** Angelika und Franz wollen ins Kino gehen.   ~~Richtig~~ | Falsch |
>
> **02** Franz meint, sie sollten …
> | a | die U-Bahn nehmen.
> | ☒ | sich etwas früher treffen.
> | c | um 19 Uhr starten.

29  **Text 1**
1 Im Kaufhaus können die Kinder heute einen Film ansehen. | Richtig | | Falsch |

2 Die Eltern sollen mit ihren Kindern …
| a | in die dritte Etage kommen.
| b | ins Eiscafé gehen.
| c | Theaterkarten kaufen.

30 **Text 2**
3 Lisa teilt Gerd die Hausaufgaben für die Schule mit. | Richtig | | Falsch |

4 Gerd soll …
| a | etwas über Kunst lesen.
| b | im Internet suchen.
| c | eine Liste schreiben.

31 **Text 3**
5 Der Radiosender gibt Winter-Tipps für Autofahrer. | Richtig | | Falsch |

6 Die Autofahrer müssen eine Umleitung fahren, weil …
| a | es einen Unfall gegeben hat.
| b | es zu viel Schnee gibt.
| c | man nicht gut sehen kann.

32 **Text 4**
7 Am Bahnsteig 3 werden Reisemöglichkeiten angesagt. | Richtig | | Falsch |

8 Der Intercity nach Norddeich …
| a | fällt heute wegen eines technischen Problems aus.
| b | hat wegen einer kaputten Tür Verspätung.
| c | ist die nächste Reisemöglichkeit nach Köln.

33 🎯 **Text 5**

9 Bis zum Sonntagabend ist schönes Wetter. | Richtig | | Falsch |

10 Die neue Woche beginnt mit …

| a | Sonne und wenig Wolken.
| b | Temperaturen über 20 Grad.
| c | vielen Wolken.

Teil 2

34 🎯 Sie hören nun einen Text. Sie hören den Text **einmal**. Dazu lösen Sie fünf Aufgaben.
Wählen Sie bei jeder Aufgabe die richtige Lösung | a | , | b | oder | c | .
Lesen Sie die Aufgaben 11 bis 15. Dazu haben Sie 60 Sekunden Zeit.

Sie nehmen an einer Veranstaltung über Leihfahrräder in Schweizer Städten, dem so genannten Bikesharing, teil.

11 Wer am Bikesharing teilnehmen möchte, …

| a | braucht dafür eine elektronische Karte.
| b | darf die öffentlichen Verkehrsmittel nicht vergessen.
| c | muss einen Fahrradparkplatz suchen.

12 Für viele Städte ist …

| a | das Bikesharing noch nicht selbstverständlich.
| b | es günstiger, das Straßenbahnnetz auszubauen.
| c | der Aufbau eines Bikesharingsystems unbezahlbar.

13 Velofahren …

| a | lässt Autofahrer besser aussehen.
| b | ist etwas für sportliche Leute.
| c | macht die Luft in den Städten besser.

14 Das Wegnetz für Velos …

| a | bringt auch Fußgängern Vorteile.
| b | ist schon überall gut ausgebaut.
| c | ist noch nicht an allen Stellen perfekt.

15 Wo kann man die Velos ausleihen und abgeben?

| a | überall in der Stadt
| b | am Hauptbahnhof
| c | an den Reparaturstationen

* Velo = Schweizer Wort für Fahrrad, Tram = Schweizer Wort für Straßenbahn

Modelltest 4

Hören

Teil 3

35 ◎ Sie hören nun ein Gespräch. Sie hören das Gespräch **einmal**. Dazu lösen Sie sieben Aufgaben.
Wählen Sie: Sind die Aussagen Richtig oder Falsch ?
Lesen Sie die Aufgaben 16 bis 22. Dazu haben Sie 60 Sekunden Zeit.

Sie sitzen im Bus und hören, wie sich zwei junge Leute über die Berufswahl unterhalten.

16 Leonie hat letztes Jahr die Schule abgeschlossen.   Richtig   Falsch

17 Leonie mag ihren Sportlehrer nicht.   Richtig   Falsch

18 Für Leonie ist die Berufswahl schwierig.   Richtig   Falsch

19 Georg würde gern bei einer Bank oder Versicherung arbeiten.   Richtig   Falsch

20 Am Friseurberuf gefällt Leonie die Kreativität.   Richtig   Falsch

21 Georg weist auf die schlechte Bezahlung hin.   Richtig   Falsch

22 Leonie entscheidet sich für einen medizinischen Beruf.   Richtig   Falsch

Teil 4

36 Sie hören nun eine Diskussion. Sie hören die Diskussion **zweimal**. Dazu lösen Sie acht Aufgaben.
Ordnen Sie die Aussagen zu: **Wer sagt was?**
Lesen Sie die Aussagen 23 bis 30. Dazu haben Sie 60 Sekunden Zeit.

Die Moderatorin der Sendung „Was uns bewegt" diskutiert mit der Musikstudentin Hanna Moser und dem Journalisten Franz Burgstaller über das Thema „Wer hört heute noch Volksmusik?".

	Moderatorin	Frau Moser	Herr Burgstaller
Beispiel **0** Deutsche Volkslieder sind im Ausland beliebt.	☒	b	c
23 Junge Deutsche hören englische Musik.	a	b	c
24 Volkslieder haben eine lange Tradition.	a	b	c
25 Volksmusik unterstützt den Tourismus.	a	b	c
26 Vor allem die Westdeutschen haben Probleme mit der Volksmusik.	a	b	c
27 Die Leute finden in der traditionellen Musik ein Heimatgefühl.	a	b	c
28 Die Region, in der sie leben, wird den Menschen wichtiger.	a	b	c
29 Neue Volksmusik wird oft in einem bestimmten Dialekt gesungen.	a	b	c
30 Schon vor dem Jahr 2000 wurde im Dialekt gesungen.	a	b	c

Modelltest 4

Schreiben

Aufgabe 1   Arbeitszeit: 20 Minuten

Sie haben an einem Sportwettbewerb teilgenommen. Der Wettbewerb war in einer anderen Stadt, so dass Ihr Freund / Ihre Freundin nicht mitkommen und zuschauen konnte.

– Beschreiben Sie: Was für ein Sportwettbewerb war das?
– Begründen Sie: Warum haben Sie teilgenommen?
– Schlagen Sie Ihrem Freund / Ihrer Freundin vor, auch einmal an einem Sportwettbewerb teilzunehmen.

Schreiben Sie eine E-Mail (circa 80 Wörter).
Schreiben Sie etwas zu allen drei Punkten.
Achten Sie auf den Textaufbau (Anrede, Einleitung, Reihenfolge der Inhaltspunkte, Schluss).

Aufgabe 2   Arbeitszeit: 25 Minuten

Sie haben im Fernsehen eine Diskussionssendung zum Thema „Moderner Unterricht" gesehen.
Im Online-Gästebuch der Sendung finden Sie folgende Meinung:

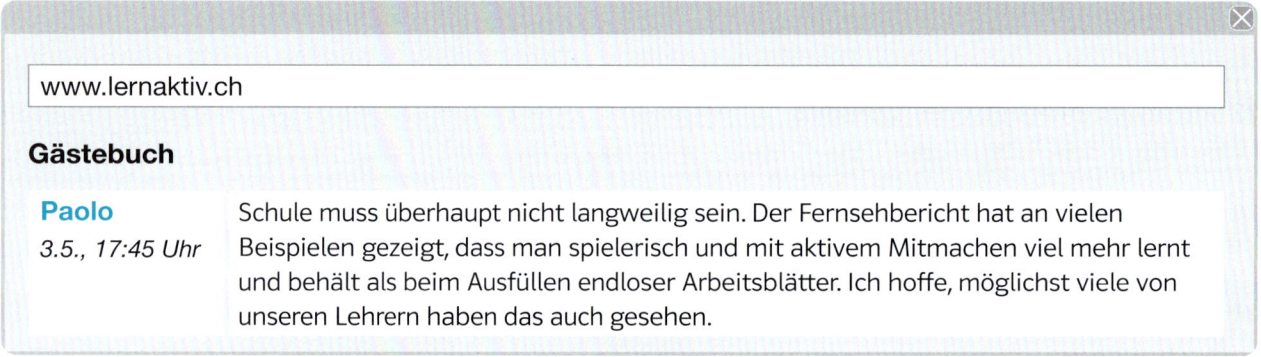

www.lernaktiv.ch

Gästebuch

Paolo
3.5., 17:45 Uhr

Schule muss überhaupt nicht langweilig sein. Der Fernsehbericht hat an vielen Beispielen gezeigt, dass man spielerisch und mit aktivem Mitmachen viel mehr lernt und behält als beim Ausfüllen endloser Arbeitsblätter. Ich hoffe, möglichst viele von unseren Lehrern haben das auch gesehen.

Schreiben Sie nun Ihre Meinung (circa 80 Wörter).

Aufgabe 3   Arbeitszeit: 15 Minuten

Sie sind stark erkältet und können für zwei Tage nicht an Ihrem Deutschkurs teilnehmen.

Schreiben Sie an Ihre Kursleiterin. Entschuldigen Sie sich *höflich* und bitten Sie sie, Ihnen die Hausaufgaben mitzuteilen.

Schreiben Sie eine E-Mail (circa 40 Wörter).
Vergessen Sie nicht die Anrede und den Gruß am Schluss.

Sprechen

Teil 1   Gemeinsam etwas planen

Sie sollen mit einem Kollegen / einer Kollegin in Ihrer Sprachschule eine Ausstellung zum Thema „Menschen von fünf Kontinenten – ihr Leben, ihre Kultur" planen. Überlegen Sie sich einen passenden Plan.

Sprechen Sie über die Punkte unten, machen Sie Vorschläge und reagieren Sie auf die Vorschläge Ihres Gesprächspartners / Ihrer Gesprächspartnerin.
Planen und entscheiden Sie gemeinsam, was Sie tun möchten.

Ausstellung planen

– *Wo in der Sprachschule?*

– *Welche Medien? (Fotos, Videos, Gegenstände, Musik?)*

– *Was zeigen? (typische Berufe, Freizeitaktivitäten, Kultur, Küche, …)*

– *Welche Kosten?*

– *…*

Modelltest 4

Sprechen

Teil 2   Ein Thema präsentieren

Sie sollen Ihren Zuhörern ein aktuelles Thema präsentieren. Dazu finden Sie hier fünf Folien.
Folgen Sie den Anweisungen links und schreiben Sie Ihre Notizen und Ideen rechts daneben.

Kandidat A

Stellen Sie Ihr Thema vor.
Erklären Sie den Inhalt
und die Struktur Ihrer
Präsentation.

FOLIE 1   ENDLICH ZEIT FÜR MICH!

Wie kann man
seine Freizeit
aktiv verbringen?

Berichten Sie von
Ihrer Situation oder
einem Erlebnis im
Zusammenhang mit
dem Thema.

FOLIE 2   WIE KANN MAN SEINE FREIZEIT AKTIV VERBRINGEN?

Meine persönlichen Erfahrungen

Berichten Sie von der
Situation in Ihrem
Heimatland und geben
Sie Beispiele.

FOLIE 3   WIE KANN MAN SEINE FREIZEIT AKTIV VERBRINGEN?

Was tun die
Leute in meinem
Heimatland in
ihrer Freizeit?

Nennen Sie die Vor- und
Nachteile und sagen
Sie dazu Ihre Meinung.
Geben Sie auch Beispiele.

FOLIE 4   WIE KANN MAN SEINE FREIZEIT AKTIV VERBRINGEN?

Vor- und Nachteile verschiedener
Freizeitaktivitäten & meine Meinung

Beenden Sie Ihre
Präsentation und
bedanken Sie sich bei
den Zuhörern.

FOLIE 5   WIE KANN MAN SEINE FREIZEIT AKTIV VERBRINGEN?

Abschluss & Dank

Kandidat B

Stellen Sie Ihr Thema vor. Erklären Sie den Inhalt und die Struktur Ihrer Präsentation.

Welchen Einfluss hat ein Chef auf die Motivation der Mitarbeiter?

Folie 1

Der Chef möchte Sie sprechen!

ZUM CHEF! ☺

....
....
....
....
....
....

Berichten Sie von Ihrer Situation oder einem Erlebnis im Zusammenhang mit dem Thema.

Meine persönlichen Erfahrungen

Folie 2

Welchen Einfluss hat ein Chef auf seine Mitarbeiter?

....
....
....
....

Berichten Sie von der Situation in Ihrem Heimatland und geben Sie Beispiele.

Folie 3

Chefs in meinem Heimatland

Welchen Einfluss hat ein Chef auf seine Mitarbeiter?

....
....
....
....
....

Nennen Sie die Vor- und Nachteile und sagen Sie dazu Ihre Meinung. Geben Sie auch Beispiele.

Folie 4

Vor- und Nachteile & meine Meinung

Welchen Einfluss hat ein Chef auf seine Mitarbeiter?

....
....
....
....

Beenden Sie Ihre Präsentation und bedanken Sie sich bei den Zuhörern.

Folie 5

Abschluss & Dank

Welchen Einfluss hat ein Chef auf seine Mitarbeiter?

....
....
....
....
....

Teil 3 Über ein Thema sprechen

Nach Ihrer Präsentation:
Reagieren Sie auf die Rückmeldung und die Fragen der Prüfer/-innen und des Gesprächspartners / der Gesprächspartnerin.

Nach der Präsentation Ihres Partners / Ihrer Partnerin:
a) Geben Sie eine Rückmeldung zur Präsentation Ihres Partners / Ihrer Partnerin
   (z. B. wie Ihnen die Präsentation gefallen hat, was für Sie neu oder besonders interessant war usw.).
b) Stellen Sie auch eine Frage zur Präsentation Ihres Partners / Ihrer Partnerin.

Lösungen

Modelltest 1

Lesen

Teil 1: 1 richtig, 2 falsch, 3 richtig, 4 richtig, 5 richtig, 6 falsch
Im Text steht: 1 „Umso mehr ärgert es mich natürlich, wenn ich zu spät ins Büro komme, obwohl es gar nicht meine Schuld ist." (richtig); **2** „Keine Durchsage." (falsch); **3** „Keiner der Fahrkartenkontrolleure ist zu sehen, obwohl sie sonst um diese Uhrzeit oft kommen, um sich die Fahrkarten zeigen zu lassen." (richtig); **4** „Ein Hund ging auf den Gleisen spazieren und stoppte damit den gesamten Zugverkehr" (richtig); **5** „Die Polizei versuchte den Hund zu fangen, der aber lief den Polizeibeamten immer wieder weg" (richtig); **6** „Ich hoffe, dass die Hundebesitzerin eine gute Versicherung hat" (falsch)

Teil 2: 7 c, 8 c, 9 a, 10 b, 11 a, 12 a
Im Text steht: 7 „Untersuchung der Technischen Universität Darmstadt ... die Nutzung sozialer Netzwerke wie z.B. Facebook" (c); **8** „Jeder stellt sich selbst im Internetnetzwerk möglichst positiv dar." (c); **9** „... empfehlen die Forscher, lieber aus dem Haus zu gehen und sich mit anderen Leuten in einer Kneipe zu treffen oder noch besser mit anderen spazieren zu gehen oder etwas gemeinsam zu unternehmen." (a); **10** Überschrift: „Erfolg für Wiener Tourismus", „Beliebt ist Wien nicht nur wegen seiner zahlreichen kulturellen Einrichtungen ..." (b); **11** „Heute kann man das Angebot sogar mit dem von Paris oder London vergleichen." (a); **12** „Urlauber(n) aus aller Welt ... nennen die Sicherheit und die Sauberkeit in der Stadt" (a)

Teil 3: 13 c, 14 a, 15 j, 16 0, 17 e, 18 f, 19 d
Im Text steht: 13 „unabhängig vom Wetter" (c); **14** „Essen im Dunkeln" (a); **15** „Mit dem Boot auf dem jungen Rhein" (j); **16** keine passende Anzeige (0); **17** „echte Schweizer Käsespezialitäten" (e); **18** „Einschalten und losfahren ... ohne zu schwitzen und ohne sich anzustrengen" (f); **19** „Filmstar für einen Tag" (d)

Teil 4: 20 nein, 21 ja, 22 ja, 23 nein, 24 ja, 25 nein, 26 nein
Im Text steht: 20 „Daher brauchen wir Radwege auch durch den Stadtpark." (nein); **21** „Das ist eine super Idee!" (ja); **22** „Deshalb bin ich dafür, das Radfahren im Park nicht mehr zu erlauben." (ja); **23** „Warum soll man im Stadtpark nicht fahren dürfen? Es gibt doch genug Platz für alle." (nein); **24** „Soll der Spazierweg im Park zur ‚Radautobahn' werden? Das darf nicht passieren!" (ja); **25** „Verbote sind manchmal wichtig. Aber nicht immer sind sie sinnvoll und hilfreich." (nein); **26** „Ich bin selbst Radfahrerin ... benutzen wir die Wege durch den Park." (nein)

Teil 5: 27 c, 28 b, 29 c, 30 b
Im Text steht: 27 „Anreise: Denken Sie daran, dass Sie vielleicht auf dem Firmengelände das richtige Gebäude finden müssen" (c); **28** „Kleidung und Aussehen: Ihr Aussehen sollte ... so natürlich wie möglich sein" (b); **29** „Bereiten Sie sich auf jeden Fall darauf vor, dass Sie ... sowohl Deutsch als auch Englisch sprechen müssen." (c); **30** „ Informieren Sie sich: Vor dem Gesprächstermin sollten Sie sich über Ihren möglichen neuen Arbeitgeber informieren." (b)

Hören

Teil 1: 1 falsch, 2 b; 3 richtig, 4 c; 5 falsch, 6 a; 7 richtig, 8 a; 9 richtig, 10 c
Sie hören: 1 „Der Intercity nach ... Interlaken Ost ... fährt heute nur bis Spiez." (falsch); **2** „Es verkehren Ersatzbusse ..." (b); **3** „Leider gibt es heute Abend für den neuen 007 keine Karten mehr." (richtig); **4** „Ruf am besten noch mal an." (c); **5** „Das Wiener Stadtfest findet heuer wieder in der letzten Aprilwoche statt." (falsch); **6** „Hier stellen sich die Wiener Museen Ihnen und Ihren Kindern ... vor: So zeigt das Technische Museum, wie man aus Erdäpfeln elektrischen Strom erzeugen kann." (a); **7** „Leider muss ich Ihnen mitteilen, dass die Jeanshose ... immer noch nicht lieferbar ist." (richtig); **8** „Die Herstellerfirma ist zurzeit überlastet und kommt mit den Aufträgen nicht nach." (a); **9** „Sie hatten zu Beginn dieses Quartals einen Termin bei uns und haben sich wegen Ihres Knies behandeln lassen." (richtig); **10** „Leider haben Sie bis jetzt ... immer noch keine Überweisung bei uns abgegeben. Ich möchte Sie bitten, dies so schnell wie möglich zu tun ..." (c)

Teil 2: 11 b, 12 b, 13 c, 14 c, 15 c
Sie hören: 11 „Schon immer haben die Besucher einer fremden Stadt auf die Sehenswürdigkeiten und Besonderheiten geschaut. Und selbstverständlich gehört es schon immer zum Wesen eines Touristen dazu, dass man sich und seinen Lieben etwas zum Andenken kauft." (b); **12** „Viele wohlhabende Römer reisten mit ihren Frauen in die Kurstadt, in deren Badehäusern mit dem heißen Thermalwasser sich manche körperlichen Beschwerden heilen oder lindern ließen." (b); **13** „Nun, man konnte sich zu Hause in Italien damit die Haare blond färben." (c); **14** „Wir starten hier am Rathaus und gehen gleich hinüber zum Stadtschloss ..." (c); **15** „zum Kurhaus mit der Spielbank, wo Dostojewski sein ganzes Geld verloren hat" (c)

Teil 3: 16 richtig, 17 falsch, 18 falsch, 19 richtig, 20 falsch, 21 falsch, 22 richtig
Sie hören: 16 Frau Schmidt: „Wir haben uns ja schon ewig nicht mehr gesehen. Das letzte Mal war, glaube ich, vor drei Jahren ..." (richtig); **17** Frau Müller: „Fahren Sie auch nach Frankfurt?" (falsch; Frau Müller fährt nach Frankfurt; Frau Schmidt fährt nach Heidelberg); **18** Frau Schmidt: „Ich fahre jedes Jahr zweimal nach Heidelberg, um meine jüngste Schwester und meine zwei kleinen Nichten zu besuchen." (falsch); **19** Frau Schmidt: „Der Lehrer dort macht viele Experimente, und manchmal lernen sie auch richtig lustige Sachen." (richtig); **20** Frau Schmidt: „Ja, und im Deutschunterricht studieren sie jetzt ein kleines Theaterstück ein." (falsch); **21** Frau Schmidt: „Aber mehr zum Spaß, nicht, um große Musik zu machen oder um Konzerte zu geben." (falsch); **22** Frau Müller: „Ein Törtchen aus einer mit süßer Creme gefüllten Schokoladenwaffel." (richtig)

Teil 4:

	Moderatorin – a	Herr Wagner – b	Frau Reize – c
23	x		
24	x		
25		x	
26			x
27		x	
28			x
29			x
30		x	

Sie hören: 23 Moderatorin: „Man sagt ja oft, bei Mädchen werden die Regeln des pünktlichen Nachhausekommens strenger angewandt als bei Jungen"; **24** Moderatorin: „Ist es nicht so, dass sich junge Leute gerade darüber beschweren, dass sie so früh zu Hause sein müssen, wo doch Musikkneipen und Diskos oft erst um diese Zeit öffnen?"; **25** Hr. Wagner: „... gibt es ein Jugendschutzgesetz, das eindeutig besagt, dass Jugendliche nach 22 Uhr ohne Begleitung ihrer Eltern nicht mehr ausgehen dürfen"; **26** Fr. Reize: „aber es ist auch Ausdruck von Vertrauen, ... Vertrauen zu haben ist bei uns in der Familie sehr wichtig"; **27** Hr. Wagner: „Auch bei uns gibt es natürlich Ausnahmen"; **28** Fr. Reize: „Wichtige Voraussetzung ist dabei allerdings, dass er uns genau erklärt, was er vorhat, mit wem er unterwegs ist und einen ungefähren Zeitraum nennt, in dem er zurück sein wird"; **29** Fr. Reize: „Die Jugendlichen müssen lernen, verantwortungsvoll ihre Freizeit selbst zu gestalten"; **30** Hr. Wagner: „gerade ein geregeltes Leben führt zu mehr Selbstständigkeit im späteren Leben"

Schreiben

So könnte Ihr Text aussehen:
Aufgabe 1

Hallo Katja,

schade, dass du am Wochenende nicht mitkommen konntest, es war toll. Wir waren an dem See in der Nähe von Würzburg. Es war so warm, dass wir bis spät abends im Freien sitzen konnten. Besonders schön war, dass auch Svenia und Simone dabei waren, weil ich sie so lange nicht gesehen habe. Wir haben bis morgens um zwei geredet, es gibt nämlich Neuigkeiten: Simone will heiraten! Wenn du Lust und Zeit hast, könnten wir uns am Samstag treffen, dann erzähle ich dir alles.

Viele Grüße

Mona

Aufgabe 2

Ich denke, dass es mittlerweile viel größere Unterschiede gibt als früher. Die jungen Leute sind sehr verschieden. Natürlich gibt es auch die, die schlecht erzogen sind, aber die gab es schon immer. Ich habe die Erfahrung gemacht, dass die meisten immer noch höflich reagieren und helfen, wenn man sie anspricht. Mir fällt auf, dass viele Menschen und nicht nur junge Leute heute weniger aufmerksam sind. Daran sind sicher auch die Mobiltelefone schuld. Aber meiner Meinung nach liegt es vor allem daran, dass wir anders erzogen sind als früher. Wir denken alle zuerst an uns selbst.

Aufgabe 3

Sehr geehrter Herr Giessler,

ich habe im Internet Ihr Praktikumsangebot gelesen und interessiere mich sehr dafür.

Ich habe dazu aber noch zwei Fragen: Was genau muss ich tun und wie sind die Arbeitszeiten?

Könnten Sie mir das bitte mitteilen? Vielen Dank.

Mit freundlichen Grüßen

Irina Meier

Lösungen

Modelltest 2

Lesen

Teil 1: 1 richtig, 2 falsch, 3 richtig, 4 falsch, 5 falsch, 6 falsch

Im Text steht: 1 „Tobi ist unser Vogel, unser Wellensittich." (richtig); **2** „Wir wollten zu einer Grillparty bei Freunden und waren schon spät." (falsch); **3** „Er war hinter mir her geflogen und saß in unserem Kirschbaum." (richtig); **4** „Natürlich passen wir normalerweise auf, dass er nicht rausfliegt." (falsch); **5** „Meine Frau und meine Tochter sind auf dem Sofa eingeschlafen" (falsch); **6** „So gegen halb drei heute Morgen wurde ich wach" (falsch)

Teil 2: 7 c, 8 c, 9 b, 10 b, 11 c, 12 a

Im Text steht: 7 Überschrift: „Outdoor-Sportler können in Zukunft auch im Dunkeln joggen oder skifahren. Der Grund sind leistungsstarke Stirnlampen" (c); **8** „Auf keinen Fall kann man die Lampen benutzen, wenn viel Licht nötig ist, z.B. bei schwierigen Mountainbike Touren" (c); **9** „Man sollte unbedingt darauf achten, wie lange der Akku bei höchster Leistung hält" (b); **10** „Vorbild beim Kampf gegen den Klimawandel", „Energiewende", „Öko-Strom" (b); **11** „Ab Mitte 2013 wird im Burgenland gleich viel Öko-Strom produziert, wie man dort verbraucht." (c), **12** „Der Öko-Strom ist laut der Stromregulator-Behörde E-Control derzeit etwa doppelt so teuer wie der normale" (a)

Teil 3: 13 e, 14 a, 15 h, 16 d, 17 0, 18 i, 19 c

Im Text steht: 13 „vietnamesische Gerichte" (e); **14** „an den Septemberwochenenden" (a); **15** „alles rund um die Gastronomie … Praktikumsplätze" (h); **16** „Kochen in Italien" (d); **17** es gibt keinen Kurs, der nur dienstagabends stattfindet (0); **18** „Fischgerichte leicht gemacht." (i); **19** Geheimnisse der Kräuter … Führung durch den … Kräutergarten" (c)

Teil 4: 20 nein, 21 nein, 22 ja, 23 ja, 24 nein, 25 ja, 26 nein

Im Text steht: 20 „Man kann doch nicht Werbung für Produkte verbieten, die man überall kaufen kann." (nein); **21** „und wer Zigaretten verkaufen darf, darf auch dafür werben" (nein); **22** „sollte man selbstverständlich auch die Werbung dafür verbieten" (ja); **23** „Ich hoffe, dass es in absehbarer Zeit zu einem endgültigen Verbot kommt." (ja); **24** „Ich halte solche Verbote … für keine vernünftige Maßnahme." (nein); **25** „Ich meine, nicht nur Tabakwerbung jeder Art müsste verboten sein, sondern auch Werbung für Alkohol." (ja); **26** „Man kann und darf sie nicht verbieten." (nein)

Teil 5: 27 a, 28 c, 29 c, 30 a

Im Text steht: 27 „Standort: … Grundsätzlich können Sie die Pflanzen ans Fenster stellen." (a); **28** „Aufwand: Orchideen brauchen nicht so viel Pflege, wie Sie vielleicht glauben …" (c); **29** „Gießen: … im Winter … einmal in der Woche gießen" (c); **30** „Licht: … sehr viel direktes Sonnenlicht ist für alle Arten schädlich" (a)

Hören

Teil 1: 1 richtig, 2 b; 3 richtig, 4 c; 5 falsch, 6b; 7 richtig, 8 b; 9 richtig, 10 a

Sie hören: 1 „Mein Name ist Schadt von Allmedia … Ich bin der Techniker." (richtig); **2** „Der Anschluss wird am Freitagmorgen freigeschaltet. Könnte ich dann am Nachmittag zwischen 15:30 Uhr und 17:00 Uhr kommen?" (b); **3** „Aufgrund einer technischen Störung haben wir … 15 Minuten Verspätung … Außerdem können … keine Platzreservierungen angezeigt werden." (richtig); **4** „In unserem Bordrestaurant gibt es wegen der technischen Probleme heute leider auch nur kalte Getränke …" (c); **5** „wegen des Hochzeitsgeschenks für Thorsten und Sonja" (falsch); **6** „am besten ist doch Geld für ihre geplante Reise" (b); **7** „An Heiligabend und Silvester verkehren unsere Busse bis 18:00 Uhr nach dem normalen Fahrplan. Danach fahren nur noch die Nachtbusse … Beachten Sie auch, dass am 27. und am 28.12. auf allen Linien der Samstagsfahrplan gilt." (richtig); **8** „An Heiligabend und Silvester verkehren unsere Busse bis 18:00 Uhr nach dem normalen Fahrplan." (b); **9** „Sie haben uns geschrieben, dass Sie gerne Ihre Versicherungen prüfen lassen würden" (richtig); **10** „Würde es Ihnen am Donnerstag passen?" (a)

Teil 2: 11 b, 12 b, 13 c, 14 b, 15 b

Sie hören: 11 „es geht um die neue Verwaltungssoftware in Ihrer Firma" (b); **12** „wie einfach das neue Programm zu bedienen ist" (b); **13** „Heute möchte ich Sie mit den Grundlagen des Programms vertraut machen" (c); **14** „ich werde noch die ganze nächste Woche in der Firma sein, um Ihnen zu helfen und Sie zu beraten" (b); **15** „Nach der Mittagspause geht es dann weiter mit dem Adressbuch und dem Kalender." (b)

Teil 3: 16 richtig, 17 falsch, 18 richtig, 19 richtig, 20 falsch, 21 falsch, 22 richtig

Sie hören: 16 Hr. Reinhard: „Ich hatte einen kleinen Unfall." (richtig); **17** Hr. Reinhard: „aber zum Glück ist den Augen nichts passiert" (falsch); **18** Hr. Reinhard: „Ich kann den Arm nicht bewegen." Fr. Zimmermann: „Und dann auch noch den rechten" (richtig); **19** Fr. Zimmermann: „Wurde die Schulter geröntgt?" Herr Reinhard: „Ja" (richtig); **20** Hr. Reinhard: „aber ab und zu tut es schon noch weh." (falsch); **21** Hr. Reinhard: „Nein, diese Woche bin ich noch krankgeschrieben." (falsch); **22** Fr. Zimmermann: „Ich habe seit einiger Zeit Probleme mit dem Blutdruck … Ich nehme zwar Tabletten" (richtig)

Teil 4:

	Moderator – a	Fr. Lennert – b	Hr. Richter – c
23		x	
24		x	
25			x
26		x	
27	x		
28			x
29		x	
30			x

Sie hören: **23** Fr. Lennert: „es gibt gleichzeitig viele ältere Menschen, die alleine sind und in Wohnungen leben, die zu groß für sie sind"; **24** Fr. Lennert: „Wir sagen auch klar, dass zu den Pflichten der Untermieter nur gehört, einkaufen zu gehen, zu kochen und die Wohnung sauber zu halten"; **25** Hr. Richter: „Natürlich habe ich einen persönlichen Kontakt zu meinem Vermieter"; **26** Fr. Lennert: „ich betrachte es mittlerweile als großes soziales Projekt"; **27** Moderator: „Deutschland muss sich doch dringend mit der Tatsache beschäftigen, dass wir immer älter werden"; **28** Hr. Richter: „In Zukunft leben nur noch Reiche in der Stadt"; **29** Fr. Lennert: „Die Älteren können nämlich manchen guten Ratschlag geben … Und die meisten meiner älteren Kunden sind erstaunt, wie verantwortungsbewusst die Jungen doch sind."; **30** Hr. Richter: „Außerdem sollte man sich doch aussuchen können, wie und wo man wohnt."

Schreiben

Aufgabe 1

Hallo Thomas,

geht's dir gut? Ich bin ja seit zwei Wochen in einem Fitnessstudio und finde es klasse. Gerade jetzt im Winter finde ich das viel besser, als draußen Sport zu machen. Ich mache natürlich auch Krafttraining für die Muskeln, aber am liebsten bin ich auf dem Laufband, weil ich ja gern jogge. Die Leute sind auch sehr nett. Es gibt eine schöne Bar, wo man nach dem Training noch etwas trinken und sich unterhalten kann.

Komm doch mal mit, es gibt eine kostenlose Probestunde. Was denkst du?

Viele Grüße

Martin

Aufgabe 2

Ich lese gerne Artikel über berühmte Leute. Was mich aber ärgert ist, dass es viele Berichte gibt, die gar nicht stimmen. Es ist manchmal wirklich schlimm, was über sie geschrieben wird. Da kann ich verstehen, dass viele versuchen ihr Privatleben zu schützen. Es ist ja leider so, dass viele Journalisten am liebsten über die Fehler der Berühmtheiten schreiben, zum Beispiel wenn einer von ihnen betrunken Auto gefahren ist. Jeder macht manchmal Fehler und sollte überlegen, ob er möchte, dass alle das erfahren.

Aufgabe 3

Lieber Herr Simon,

vielen Dank für die Einladung, aber leider kann ich an diesem Tag nicht, ich bin bei einem Kunden. Könnten Sie mir bitte einen anderen Termin geben? Nächste Woche bin ich jeden Tag in der Firma.

Herzliche Grüße

Karsten Sonntag

Lösungen

Modelltest 3

Lesen

Teil 1: 1 richtig, 2 richtig, 3 richtig, 4 falsch, 5 richtig, 6 richtig
Im Text steht: 1 „da steht gleich am Anfang, dass die Österreicher die Deutschen selten mögen" (richtig); **2** „Bei meinen zahlreichen Urlauben in Österreich bin ich fast immer auf freundliche Menschen gestoßen" (richtig); **3** „Natürlich gibt es für die Touristen Aufführungen volkstümlicher Musik und Tänze" (richtig); **4** „Und nicht wenige Menschen … bezahlen viel Geld für eine Eintrittskarte zu einem klassischen Konzert oder einer Oper von Mozart." (falsch); **5** „Und viele Gerichte aus der österreichischen Küche sind weltweit bekannt und beliebt" (richtig); **6** „insgesamt fand ich den Artikel trotz einiger kleiner Details, denen ich hier widersprochen habe, sehr interessant" (richtig)

Teil 2: 7 b, 8 c, 9 c, 10 a, 11 b, 12 b
Im Text steht: 7 „Lachen kann Stress abbauen, entspannen" (b); **8** „Lachseminare, wo in der Gruppe jeder jeden zum herzlichen Lachen bringt" (c); **9** „Lachen entspannt nur, wenn es aus einem lustigen Grund geschieht." (c); **10** „Berufspraktikum und Berufsberatung … einen ersten Eindruck vom Arbeitsleben" (a); **11** „ein 14-tägiges Berufspraktikum" (b); **12** „frühere Schüler unseres Gymnasiums über ihre jetzigen Berufe sprechen" (b)

Teil 3: 13 j, 14 i, 15 f, 16 e, 17 0, 18 g, 19 h
Im Text steht: 13 „Klassiker der Weltliteratur" (j); **14** „ Internetblog über Deutschland; zu jeder Zeit " (i); **15** „Sommerkurs an einer Universität in Deutschland" (f); **16** „Roman über das wirkliche Leben und die große Liebe … erschienen Sommer 2013" (e); **17** keine passende Anzeige (0); **18** „Kurzfilme über das Leben in Deutschland … Online-Übungen" (g); **19** „Deutsch lernen auf dem Schiff … täglich Deutschunterricht … Hilfsarbeiten auf dem Schiff" (h)

Teil 4: 20 ja, 21 ja, 22 nein, 23 nein, 24 ja, 25 nein, 26 ja
Im Text steht: 20 „Für mich hat es viel zu lange gedauert, bis die Verkehrsbetriebe diesen Schritt getan haben." (ja); **21** „Ich ärgere mich jedes Mal … Das ist jetzt hoffentlich vorbei." (ja); **22** „Mit dem Bus nach Hause zu fahren dauert bei mir über eine Stunde, so dass ich bis zum Nachmittag nichts gegessen habe, wenn das Verbot eingeführt wird." (nein); **23** „Wir brauchen keine Verbote …" (nein); **24** „Für das Verbot wurde es schon lange Zeit." (ja); **25** „Das Verbot haben sich wohl Leute ausgedacht, die nicht oft mit dem Bus fahren müssen." (nein); **26** „Auch wenn ich das Verbot … für zu stark halte, … habe ich doch Verständnis für seine Einführung." (ja)

Teil 5: 27 b, 28 a, 29 b, 30 b
Im Text steht: 27 „Essen: Obst, Nüsse oder kleine Snacks mit Brot sind am besten geeignet." (b); **28** „Schuhe: feste, aber bequeme Schuhe" (a); **29** „Getränke: Sie sollten bei jeder Wanderung etwas zu trinken dabei haben." (b); **30** „Kleidung: Ein Sonnenbrand kommt schneller als man denkt … unerwartete Regenschauer" (b)

Hören

Teil 1: 1 richtig, 2 c; 3 richtig, 4 b; 5 richtig, 6 c; 7 richtig, 8 b; 9 richtig, 10 b
Sie hören: 1 „In der Nacht zum Teil starke Gewitter mit Sturm und Hagel. Am Montag stark bewölkt mit zeitweise leichtem Regen." (richtig); **2** „Am morgigen Sonntag zunächst Sonnenschein. Dabei ist es feucht-heiß mit Temperaturen um die 35 Grad" (c); **3** „die Vera hat angerufen, sie kommt morgen schon aus Frankfurt an" (richtig); **4** „Vera wird bestimmt hungrig sein nach der langen Bahnfahrt" (b); **5** „In der Sache mit dem Autounfall" (richtig); **6** „Ein Zeuge hat sich bei der Polizei gemeldet" (c); **7** „Wegen Bauarbeiten" (richtig); **8** „Fahrgäste zum Hauptbahnhof benutzen bitte die S-Bahn … oder fahren mit den Straßenbahnlinien …" (b); **9** „Sie haben bei uns einen Filmkurs gebucht." (richtig); **10** „weil sich bisher nicht genug Teilnehmer angemeldet haben" (b)

Teil 2: 11 b, 12 c, 13 b, 14 a, 15 c
Sie hören: 11 „und wir sind stolz darauf, dass unser Name weltweit bekannt und geschätzt ist" (b); **12** „In unserem Wintergarten wachsen einige der Pflanzen" (c); **13** „Ganz am Ende der Führung … werden Sie Gelegenheit haben, unsere Produkte zu probieren" (b); **14** „Kakaobohnen wurden sogar wie Geld benutzt" (a); **15** „sich … unsere schöne Stadt Luzern anzuschauen" (c)

Teil 3: 16 richtig, 17 falsch, 18 falsch, 19 falsch, 20 falsch, 21 richtig, 22 richtig
Sie hören: 16 Klaus: „Und um 11 muss ich zu Prof. König." (richtig); **17** Klaus: „Da habe ich mit Claudia eine kleine Reise nach Venedig gemacht." (falsch); **18** Eva: „War das für dich nicht ein bisschen langweilig?" Klaus: „Das schon." (falsch); **19** Klaus: „Claudia mag Museen nicht besonders, und historische Themen und alte Kunst mag sie überhaupt nicht." (falsch); **20** Eva: „Ich helfe bei einem Rechtsanwalt im Büro aus … Fast wie eine Sekretärin also." (falsch); **21** „Außerdem kann ich mir vielleicht ein paar Dinge bei ihm abschauen für mein Jurastudium." (richtig); **22** Klaus: „Ich hoffe, es wird nicht zu stressig." (richtig)

Teil 4:

	Moderator – a	Herr Spay – b	Frau Sturm – c
23		x	
24			x
25			x
26	x		
27		x	
28			x
29		x	
30	x		

Sie hören: 23 Hr. Spay: „… dass viele Kinder heute in die Schule kommen, ohne vorher zu Hause gefrühstückt zu haben. Ein gutes Frühstück ist aber wichtig"; **24** Fr. Sturm: „Das Pausenfrühstück muss den Kindern schmecken, sonst bringen sie es wieder mit nach Hause"; **25** Fr. Sturm: „Meinen Sie im Ernst, Kinder würden freiwillig Salat und Rohkost essen, wenn es am Schulkiosk Schokoriegel und Süßigkeiten gibt?"; **26** Moderator: „Auf diesen Schulen wird den Kindern ein Mittagessen angeboten, das von Ernährungsexperten zusammengestellt wurde"; **27** Hr. Spay: „Nur leider werden die Schulessen von den Kindern nicht so angenommen. Die meisten haben etwas daran zu kritisieren. "; **28** Fr. Sturm: „Und alles das wird in einer Großküche irgendwo in Deutschland produziert und mit Lastwagen quer durch die Republik gefahren"; **29** Hr. Spay: „aber für das Schulessen wäre der Preis zu hoch"; **30** Moderator: „Es muss auf jeden Fall ein Weg gefunden werden, auch mit wenig Geld gesundes Essen, das den Kindern schmeckt, an die Schulen zu bringen."

Schreiben

Aufgabe 1

Hallo Caroline!

Wie war deine Reise? Du hattest hoffentlich viel Spaß. Ich bin am Wochenende auf dem internationalen Sommerfest gewesen. Es war ein richtig schönes Fest, ich habe viel über die Länder der Leute, die hier leben, erfahren. Es gab Musik und Tänze, aber am besten waren die Stände, an denen man essen konnte. Du weißt ja, wie gern ich esse. Ich habe fast alle Spezialitäten probiert.

Wollen wir uns morgen Abend vielleicht treffen? Dann erzähle ich dir mehr und du kannst von deiner Reise berichten.

Viele Grüße

Aneta

Aufgabe 2

Leider gibt es wirklich immer mehr dicke Kinder und Jugendliche. Und meiner Meinung nach sind die Eltern daran schuld. Ich sehe immer wieder Kinder im Kinderwagen, die groß genug sind, um selbst zu laufen, und die Chips und Cola von ihren Eltern bekommen. Wissen die Eltern nicht, wie ungesund das ist? Ich finde das unverantwortlich. Solche Kinder sind nicht nur viel öfter krank, sondern auch unglücklich. Viele glauben doch, dass Dicke faul sind, und andere Kinder lachen über sie, weil sie schlecht im Sport sind.

Aufgabe 3

Sehr geehrter Herr Geier,

ich habe in der Schule Ihr Angebot gelesen, Sie verkaufen Ihr Fahrrad. Ich hätte Interesse daran. Ich würde gerne zu Ihnen kommen, um es mir anzuschen. Schreiben Sie mir bitte, wann es Ihnen passt.

Mit freundlichen Grüßen

Simon Edler

Lösungen

Modelltest 4

Lesen

Teil 1: 1 richtig, 2 falsch, 3 richtig, 4 richtig, 5 falsch, 6 richtig
Im Text steht: 1 „Das Tier … schnappt sich eine Tüte Kartoffelchips" (richtig); 2 „Die herbeigerufene Polizei versucht mit Katzenfutter den Waschbären zu überreden, aus der Wohnung zu gehen. Doch erst eine weitere Nachbarin, Frau Kranz, schafft es, das Tier … zum Verlassen der Wohnung zu bewegen." (falsch; die Polizei hat es nicht geschafft); 3 „In einer anderen Straße ist ein Waschbär sogar durch das geöffnete Fenster ins Schlafzimmer eines Hauses gekommen und hat es sich im Bett gemütlich gemacht." (richtig); 4 „im Sommer holen sie sich das Obst in den Gärten" (richtig); 5 „In Kassel besetzen sie inzwischen die Treppen zur Stadthalle und haben auch schon eine Straßenbahn gestoppt." (falsch; es wird nicht gesagt, dass sie oft den Straßenverkehr behindern); 6 „Deshalb kommen sie gern zu den Menschen, weil sie gelernt haben, dass es dort genug zu essen gibt und dass sie in den Häusern immer ein bequemes und warmes Plätzchen zum Schlafen finden können." (richtig)

Teil 2: 7 c, 8 c, 9 b, 10 c, 11 b, 12 a
Im Text steht: 7 „Pausenloser Lärm hat auf die Gesundheit des Menschen eine negative Wirkung. Schlaflosigkeit, Hörprobleme oder Probleme mit Herz und Kreislauf können Folgen von zu viel Lärm sein." (c; das Thema des Textes ist Lärm als Ursache für verschiedene Krankheiten); 8 „dass das Gefühl für Lärm sehr persönlich ist" (c); 9 „Schlaflosigkeit, Hörprobleme oder Probleme mit Herz und Kreislauf können Folgen von zu viel Lärm sein" (b); 10 „Ski fahren in Tirol; auch für die Kleinsten; Winterkindergarten" (c, es geht um Wintersport für die ganze Familie); 11 „dazwischen gibt es zahlreiche Berghütten und Restaurants" (b); 12 „Hier kann man sich beim Skifahren filmen lassen und bekommt eine DVD als Souvenir für zu Hause." (a)

Teil 3: 13 c, 14 a, 15 i, 16 0, 17 e, 18 j, 19 g
Im Text steht: 13 „direkt gegenüber vom Hauptbahnhof; sehr ruhig" (c); 14 „Zentrum; Balkon" (a); 15 „3- oder 4-Zimmerwohnungen; mit Kinderspielplatz" (i); 16 keine passende Anzeige (0); 17 „Möbliertes Zimmer; 5 Min Fußweg zur Universität" (e); 18 „Wohnen im Zirkuswagen" (j); 19 „60 m²-Wohnung für bis zu zwei Personen; komplett modern möbliert" (g)

Teil 4: 20 ja, 21 ja, 22 nein, 23 nein, 24 nein, 25 ja, 26 nein
Im Text steht: 20 „Ich finde es also okay, wenn Handys aus bleiben müssen." (ja); 21 „Handys gehören nicht in den Unterricht!" (ja); 22 „Jetzt hat die Schulleitung die Handys in der Schule verboten … Das, finde ich, ist eine Frechheit!" (nein); 23 „… brauchen wir kein Verbot durch die Schulleitung." (nein); 24 „Wie viele meiner Mitschüler bin ich gegen das Verbot …" (nein); 25 „Als ich von dem Handyverbot gelesen habe, dachte ich sofort: endlich!" (ja); 26 „Warum muss schon wieder etwas verboten werden? Hätte es nicht gereicht, wenn sich Lehrer und Schüler zusammengesetzt und klare Regeln verabredet hätten …?" (nein)

Teil 5: 27 a, 28 c, 29 c, 30 b
Im Text steht: 27 „So kommen Sie zu Ihrem Billett: Aber auch viele andere Dienstleistungen … bis hin zu Gesprächsguthaben für Ihr Prepaid-Mobiltelefon" (a); 28 „Einfach antippen: Los geht es mit dem Startbild. Hierauf sehen Sie die häufigsten Zielorte." (c); 29 „Einfach bezahlen: … dass die Automaten deshalb nicht mehr als 20 Franken Rückgeld geben können" (c); 30 „Hin oder Retour? Anzahl der Billette" (b)

Hören

Teil 1: 1 falsch, 2 a; 3 falsch, 4 a; 5 falsch, 6 c; 7 richtig, 8 b; 9 richtig, 10 c
Sie hören: 1 „Aufführung des bekannten Puppentheaters" (falsch); 2 „in der Kinderabteilung im dritten Stock" (a); 3 „Du warst gestern nicht an der Uni." (falsch, Lisa und Gerd sind Studenten an der Uni); 4 „dass wir für nächste Woche zum Thema ‚Kunst im Mittelalter' einen Text lesen sollen" (a); 5 „Verkehrsdurchsage" (falsch); 6 „Wegen dichten Nebels" (c); 7 „Gleis 3 … Reisende … benutzen bitte den Regionalexpress nach Duisburg, Abfahrt um 13.50 Uhr von Gleis 5. Reisende … nehmen die Mittelrheinbahn, Abfahrt um 14.02 Uhr von Gleis 1." (richtig); 8 „wegen einer Türstörung etwa 60 Minuten später" (b); 9 „Das schöne Herbstwetter bleibt am Wochenende unverändert." (richtig); 10 „Erst am Sonntagabend ziehen „… Wolken auf und bringen zum Wochenbeginn zum Teil starke Regenschauer" (c)

Teil 2: 11 a, 12 a, 13 c, 14 c, 15 a
Sie hören: 11 „mit Ihrer elektronischen Benutzerkarte" (a); 12 „ist aber leider in vielen schweizerischen Städten noch nicht Standard" (a); 13 „verursacht das Velo keine CO_2-Emissionen, es entstehen keine Abgase und keine schlechte Luft" (c); 14 „Natürlich gibt es hier noch einiges zu tun, denn oft sind die Wege noch nicht gut genug ausgebaut." (c); 15 „kann man überall ausleihen und wieder abgeben" (a)

Teil 3: 16 falsch, 17 richtig, 18 richtig, 19 falsch, 20 richtig, 21 richtig, 22 falsch
Sie hören: 16 Leonie: „Fast. Nur noch diese Woche, dann bekomme ich mein Abschlusszeugnis." (falsch); 17 Leonie: „ich habe mich nicht gut mit dem Sportlehrer verstanden" (richtig); 18 Leonie: „es kommt bald ein neues Problem auf mich zu. Die Ausbildung." (richtig); 19 (falsch, Georg spricht nicht über seine Pläne); 20 Leonie: „Und wo ich kreativ sein kann und Ideen haben darf. Wie zum Beispiel als Friseurmeisterin." (richtig); 21 Georg: „jeden Tag für wenig Geld" (richtig); 22 Leonie: „Das wär vielleicht was. Ich muss es mir noch mal überlegen." (falsch)

Teil 4:

	Moderatorin – a	Frau Moser – b	Herr Burgstaller – c
23	x		
24		x	
25			x
26	x		
27		x	
28			x
29		x	
30			x

Sie hören: 23 Moderatorin: „junge Leute sind überhaupt nicht für Volkslieder zu begeistern. Sie hören in der Hauptsache Popmusik auf Englisch"; **24** Fr. Moser: „Volkslieder sind uraltes Kulturgut"; **25** Hr. Burgstaller: „Sie kommt auch dem Tourismus zugute"; **26** Moderatorin: „Während besonders in Westdeutschland vielen Menschen ihre alten Kulturlieder peinlich sind …"; **27** Fr. Moser: „suchen die Menschen wieder verstärkt nach etwas, was ihnen eine Heimat gibt"; **28** Hr. Burgstaller: „dass die Region, in der die Menschen leben, für sie immer wichtiger ist"; **29** Fr. Moser: „Sie wird oft auch in dem Dialekt einer bestimmten Region gesungen."; **30** Hr. Burgstaller: „seit Ende der sechziger Jahre"

Schreiben

Aufgabe 1

Lieber Bernd,

du wolltest ja wissen, wie mein 10-Kilometer-Lauf letzten Sonntag im Schwarzwald war. Also es war ziemlich anstrengend, denn wir sind auf einen Berg gelaufen. Aber ich war fit. Du weißt ja, dass ich unbedingt einmal an einem Wettbewerb teilnehmen wollte, weil ich in 2 Jahren gern einen Marathon laufen möchte. Und das war wirklich ein guter Test. Ich möchte in diesem Jahr noch einmal an einem Lauf teilnehmen und würde mich freuen, wenn du mitmachen würdest. Überleg es dir!

Viele Grüße

Sebastian

Aufgabe 2

Ich denke, dass Menschen immer lernen und auch gerne lernen. Das Wichtigste im Unterricht ist, dass sie den Spaß am Lernen nicht verlieren. Da aber in einer Klasse viele Schüler sitzen und nicht allen dasselbe Spaß macht, sollte man meiner Meinung nach oft für Abwechslung sorgen, so dass für jeden etwas dabei ist. Das ist besser, als sich auf eine bestimmte Methode festzulegen. Ich finde auch, dass die Schüler möglichst viel selbst machen sollten. Denn wenn man selbst aktiv ist, kann man sich meiner Erfahrung nach länger konzentrieren.

Aufgabe 3

Liebe Frau Maler,

leider kann ich morgen und übermorgen nicht zum Deutschkurs kommen. Ich habe sehr starken Husten und Schnupfen. Bitte entschuldigen Sie mich. Können Sie mir die Hausaufgaben schicken? Das wäre sehr schön.

Viele Grüße

Maja Lucida

Transkriptionen

Modelltest 1

Hören Teil 1

1

Sie hören nun fünf kurze Texte. Sie hören jeden Text zweimal. Zu jedem Text lösen Sie zwei Aufgaben. Wählen Sie bei jeder Aufgabe die richtige Lösung. Lesen Sie zuerst das Beispiel.
Dazu haben Sie 10 Sekunden Zeit.

Beispiel
Sie hören eine Nachricht auf dem Anrufbeantworter.
Hallo Herr Müller. Hier ist Arnold Schön von der Hausverwaltung. Ich rufe wegen der defekten Heizung an. Die Firma Rost kommt am nächsten Montag um 9 Uhr bei Ihnen vorbei und repariert die Heizung. Wenn Sie nicht da sein können, wäre es dann möglich, die Schlüssel bei Ihrem Nachbarn abzugeben, damit er die Firma hereinlassen kann? Bitte melden Sie sich noch einmal bei mir unter 442234.

2
Nummer 1
Sie hören eine Durchsage am Hauptbahnhof.
Gleis 12. Bitte beachten Sie folgende wichtige Information: Der Intercity nach Liestal – Olten – Bern – Thun – Spiez – Interlaken Ost, Abfahrt 16:59 Uhr, fährt heute nur bis Spiez. Zwischen Spiez und Interlaken ist die Strecke für den Bahnverkehr unterbrochen. Der Grund ist starker Schneefall mit Lawinengefahr. Es verkehren Ersatzbusse zwischen Spiez und Interlaken. Bitte achten Sie auch auf die Durchsagen im Zug. Wir danken für Ihr Verständnis.

3
Nummer 2
Sie hören eine Nachricht auf dem Anrufbeantworter.
Hallo Eva. Hier ist Helena. Bist du mal wieder nicht zu Hause? Du, leider gibt es heute Abend für den neuen *007* keine Karten mehr. Anja hat vorgeschlagen, dass wir stattdessen in den neuen Vampirfilm gehen. Der ist auch um 20 Uhr und er soll ganz gut sein. Auf jeden Fall gibt es einiges zu lachen. Was hältst du davon? Wir können natürlich auch unseren Kinogang verschieben und heute Abend einfach in die Altstadt etwas trinken gehen. Ruf am besten noch mal an. Tschüss.

4
Nummer 3
Sie hören eine Information im Radio.
Das Wiener Stadtfest findet heuer wieder in der letzten Aprilwoche statt. Kommen Sie unbedingt in den Burghof. Hier stellen sich die Wiener Museen Ihnen und Ihren Kindern mit einem speziellen Programm vor: So zeigt das Technische Museum, wie man aus Erdäpfeln elektrischen Strom erzeugen kann. Besuchen Sie unbedingt die Genusszone am Heldenplatz: Dort können Sie bei einem Achterl Wein, Kaiserschmarrn und anderen österreichischen Spezialitäten die Sonne genießen.

5
Nummer 4
Sie hören eine Nachricht auf dem Anrufbeantworter.
Guten Tag Frau Winter. Hier ist Sommer vom Klamott-Versand Ulm. Leider muss ich Ihnen mitteilen, dass die Jeanshose in Gelb und Pink, Größe 38, die Sie bestellt haben, immer noch nicht lieferbar ist. Die Herstellerfirma ist zurzeit überlastet und kommt mit den Aufträgen nicht nach. Die voraussichtliche Lieferung verschiebt sich daher um zwei Wochen. Wenn Sie Ihre Bestellung nicht mehr haben möchten, teilen Sie uns das bitte mit. In diesem Fall erhalten Sie auch das bereits gezahlte Geld zurück. Bitte entschuldigen Sie die Unannehmlichkeiten.

6
Nummer 5
Sie hören eine Nachricht auf dem Anrufbeantworter.
Orthopädische Praxis Dr. Henkel, Telefon 9879876, Helga Scheffler am Apparat, guten Tag. Frau Baum, Sie hatten zu Beginn dieses Quartals einen Termin bei uns und haben sich wegen Ihres Knies behandeln lassen. Leider haben Sie bis jetzt, am Ende des Quartals, immer noch keine Überweisung bei uns abgegeben. Ich möchte Sie bitten, dies so schnell wie möglich zu tun, denn sonst müssten wir Ihnen die Kosten für die Behandlung privat in Rechnung stellen. Vielen Dank für Ihr Verständnis. Auf Wiederhören.

Hören Teil 2

7

Sie hören nun einen Text. Sie hören den Text einmal. Dazu lösen Sie fünf Aufgaben.
Wählen Sie bei jeder Aufgabe die richtige Lösung a , b oder c .
Lesen Sie jetzt die Aufgaben 11 bis 15. Dazu haben Sie 60 Sekunden Zeit.

Sie nehmen an einer Stadtführung durch Wiesbaden teil.

Guten Tag, meine Damen und Herren. Herzlich willkommen zu unserer heutigen Stadt-
führung durch die hessische Landeshauptstadt Wiesbaden. Mein Name ist Gudrun
Schäfer, ich bin Ihre Stadtführerin und will Ihnen in den kommenden zwei Stunden einen
Überblick über die Stadt und ihre Geschichte geben.
Schon immer haben die Besucher einer fremden Stadt auf die Sehenswürdigkeiten und
Besonderheiten geschaut. Und selbstverständlich gehört es schon immer zum Wesen
eines Touristen dazu, dass man sich und seinen Lieben etwas zum Andenken kauft.
Genauso haben das auch schon die Römer vor 2000 Jahren getan.
Haben Sie schon einmal etwas von den mattiacischen Kugeln gehört? Nein? – Nun, die
Mattiacer waren gewissermaßen die Ururur-Großeltern der Wiesbadener. Sie waren die
heimische Bevölkerung von Aquis Mattiacis, wie Wiesbaden zur Zeit der Römer hieß. Und
Wiesbaden war bei den Römern nicht nur ein Militärlager, sondern auch ein beliebtes
Reiseziel.
Viele wohlhabende Römer reisten mit ihren Frauen in die Kurstadt, in deren Badehäusern
mit dem heißen Thermalwasser sich manche körperlichen Beschwerden heilen oder
lindern ließen. Dieses Mineralwasser, das mit über 65 Grad aus der Erde kommt, ist reich
an Metallen und Substanzen, die sich an den Rändern der Badebecken ablagerten. Und
aus diesem gelblichen Material stellte man kleine Bälle oder Kugeln her. Die wurden
verkauft und waren bei den südeuropäischen Badegästen äußerst beliebt. Was glauben
Sie wohl, warum?
Nun, man konnte sich zu Hause in Italien damit die Haare blond färben. Und damals wie
heute wollten die schwarzhaarigen Leute helle Haare und die blonden dunkle Haare
haben. Nur konnte man damals nicht einfach in einen Drogeriemarkt gehen und sich
das passende Färbemittel kaufen. So wurden die Kugeln aus Wiesbaden bei den Römern
bekannt und begehrt.
Doch zunächst zu unserem Programm: Wir starten hier am Rathaus und gehen gleich
hinüber zum Stadtschloss, in dem die Herzöge von Hessen-Nassau gelebt haben. Heute
befindet sich das Parlament von Hessen im Stadtschloss. Von da geht es durch das
Kurviertel zum Kurhaus mit der Spielbank, wo der russische Dichter Dostojewski sein
ganzes Geld verloren hat. Der Stuhl, auf dem Dostojewski im Casino saß, kann heute noch
bewundert werden.
Folgen Sie mir einfach und lassen Sie sich …

Transkriptionen

8

Sie hören nun ein Gespräch. Sie hören das Gespräch einmal. Dazu lösen Sie sieben Aufgaben. Wählen Sie: Sind die Aussagen richtig oder falsch? Lesen Sie jetzt die Aufgaben 16 bis 22. Dazu haben Sie 60 Sekunden Zeit.

Sie sitzen im Zug und hören, wie sich zwei Frauen über einen Besuch in Heidelberg unterhalten.

Frau Müller: Na so was, Frau Schmidt! Was machen Sie denn hier?

Frau Schmidt: Hallo, Frau Müller, das ist aber eine Überraschung. Wir haben uns ja schon ewig nicht mehr gesehen. Das letzte Mal war, glaube ich, vor drei Jahren auf dem Adventsbasar in Vaihingen.

Frau Müller: Ja, genau, ich erinnere mich auch. Fahren Sie auch nach Frankfurt?

Frau Schmidt: Nein, nur bis Heidelberg.

Frau Müller: Ah, Heidelberg. Da war ich schon dreimal. Die Altstadt ist sehr schön: Viele kleine Läden, gemütliche Cafés und Kneipen, und die Leute in Heidelberg sind sehr nett.

Frau Schmidt: Ja, das stimmt. Ich fahre jedes Jahr zweimal nach Heidelberg, um meine jüngste Schwester und meine zwei kleinen Nichten zu besuchen.

Frau Müller: Sie haben also Familie in Heidelberg. Wie schön. Wie alt sind denn die Nichten?

Frau Schmidt: Klara ist 10 und Eva ist 8.

Frau Müller: Oh, dann sind sie ja beide schon in der Schule.

Frau Schmidt: Ja, Klara geht jetzt in die fünfte, Eva in die dritte Klasse. Beiden macht die Schule viel Spaß. Sie gehen gerne hin und erzählen mir immer, was sie im Unterricht gemacht haben. Klara mag vor allem den naturwissenschaftlichen Unterricht. Der Lehrer dort macht viele Experimente, und manchmal lernen sie auch richtig lustige Sachen. Da kam Klara das letzte Mal doch zu mir und hat gefragt: Was, glaubst du, ist gesünder, ein Eisbergsalat aus dem Supermarkt oder eine Rolle Küchenpapier?

Frau Müller: Na, und was ist gesünder?

Frau Schmidt: Der Gehalt an Vitaminen ist ungefähr gleich, aber das Küchenpapier hat mehr Ballaststoffe als der Salat und ist damit besser für die Verdauung.

Frau Müller: Und sowas lernen die Kinder in der Schule?

Frau Schmidt: Ja, und im Deutschunterricht studieren sie jetzt ein kleines Theaterstück ein. Es heißt: *Das Geheimnis des alten Klassenschranks*.

Frau Müller: Und? Was ist das Geheimnis?

Frau Schmidt: Das hat sie mir nicht verraten. Die Aufführung des Stücks ist am Dienstag, und da werde ich dabei sein und das Geheimnis erfahren.

Frau Müller: Hat Ihre jüngere Nichte auch so viel Spaß in der Schule?

Frau Schmidt: Ja, klar. Eva ist in einer Musikklasse. Sie spielt Querflöte. Aber mehr zum Spaß, nicht um große Musik zu machen oder um Konzerte zu geben.

Frau Müller: Dazu ist sie ja auch noch ein bisschen jung.

Durchsage: Meine Damen und Herren, in wenigen Minuten erreichen wir Heidelberg Hauptbahnhof.

Frau Schmidt: Ich glaube, ich bin schon da.

Frau Müller: Ja, dann viel Spaß in Heidelberg. Und probieren Sie mal einen Heidelberger Studentenkuss.

Frau Schmidt: Huch, was ist das?

Frau Müller: Ein Törtchen aus einer mit süßer Creme gefüllten Schokoladenwaffel.

Frau Schmidt: Oh ja, so einen Kuss werde ich mir gern zum Kaffee bestellen. Dann bis zum nächsten Mal, Frau Müller.

Frau Müller: Auf Wiedersehen, Frau Schmidt.

9

Sie hören nun eine Diskussion. Sie hören die Diskussion zweimal. Dazu lösen Sie acht Aufgaben.
Ordnen Sie die Aussagen zu: Wer sagt was? Lesen Sie jetzt die Aussagen 23 bis 30.
Dazu haben Sie 60 Sekunden Zeit.

Die Moderatorin der Radiosendung „Talk nach sechs" diskutiert mit den Eltern Gustaf Wagner und Katja Reize zum Thema „Müssen Teenager abends um 22 Uhr zu Hause sein?".

Moderatorin: *Liebe Hörerinnen und Hörer, willkommen zu „Talk nach sechs". Unser heutiges Thema dürfte Teenager und deren Eltern ganz besonders interessieren: „Müssen Teenager abends um 22 Uhr zu Hause sein?" – Dazu haben wir zwei Studiogäste eingeladen: Herrn Gustaf Wagner, Vater einer 14-jährigen und einer 16-jährigen Tochter, und Katja Reize, Mutter eines 16-jährigen Sohns.*
Man sagt ja oft, bei Mädchen werden die Regeln des pünktlichen Nachhausekommens strenger angewandt als bei Jungen. Stimmt das, Herr Wagner?

Herr Wagner: Das glaube ich nicht. Mädchen sind heute emanzipiert, sie sind nicht schwächer als Jungen oder müssen stärker beschützt werden als das männliche Geschlecht. Trotzdem glaube ich, dass es wichtige Gründe dafür gibt, dass die Kinder – und unter 18 sind sie für mich noch Kinder – zu einer genau mit den Eltern festgelegten Zeit zu Hause sein müssen.

Moderatorin: *Ist es nicht so, dass sich junge Leute gerade darüber beschweren, dass sie so früh zu Hause sein müssen, wo doch Musikkneipen und Diskos oft erst um diese Zeit öffnen?*

Herr Wagner: Sicher. Da haben Sie recht. Aber andererseits gibt es ein Jugendschutzgesetz, das eindeutig besagt, dass Jugendliche nach 22 Uhr ohne Begleitung ihrer Eltern nicht mehr ausgehen dürfen. Und für uns Eltern – und natürlich auch für die Jugendlichen – gibt es eine gewisse Sicherheit, wenn eindeutig klar ist, wann die Kinder wieder zu Hause sind. Was für Eltern größter Stress ist: Warten, bis die Kinder nach Hause kommen, ohne genau zu wissen, wann.

Frau Reize: Wenn ich dazu mal kurz etwas anmerken könnte: Es ist zwar Stress, nicht genau zu wissen, wann ein Sohn oder eine Tochter abends nach Hause kommt, aber es ist auch Ausdruck von Vertrauen, wenn man mal zulässt, dass es den einen oder anderen Abend etwas später wird. Vertrauen zu haben ist bei uns in der Familie sehr wichtig.

Herr Wagner: Sicher, da haben Sie recht. Auch bei uns gibt es natürlich Ausnahmen: wenn eine Freundin meiner Töchter Geburtstag hat oder eine große Party bei einer Freundin zu Hause ansteht, dann lassen wir es auch zu, dass sie länger dort bleiben.

Moderatorin: *Frau Reize, Sie haben eben das Wort Vertrauen erwähnt. Ich glaube, das ist ein zentraler Begriff für das Zusammenleben mit Jugendlichen. Ich habe das Gefühl, dass das Vertrauen oft von Regeln und Jugendschutzgesetzen unterdrückt wird. Was meinen Sie?*

Frau Reize: Unser Sohn weiß, dass er gewisse Freiräume in Anspruch nehmen darf. Wichtige Voraussetzung ist dabei allerdings, dass er uns genau erklärt, was er vorhat, mit wem er unterwegs ist und einen ungefähren Zeitraum nennt, in dem er zurück sein wird. Das funktioniert eigentlich sehr gut, wir sind immer über die Aktivitäten unseres Sohns informiert. Außerdem: Wenn es mit der Zeit einmal länger wird – es gibt ja Mobiltelefone, mit denen man sich melden kann.

Herr Wagner: Das stimmt. Aber mir wäre es schon lieber, wenn die Regeln etwas strenger wären. Für mich gibt es nur Vertrauen, wenn sich alle an die Regeln halten.

Frau Reize: Vertrauen ist das eine, Regeln sind etwas anderes. Für mich hat das eine nur wenig mit dem anderen zu tun. Die Jugendlichen müssen lernen, verantwortungsvoll ihre Freizeit selbst zu gestalten und verantwortungsvoll mit den Erwartungen ihrer Eltern umzugehen. Das macht die Jugendlichen viel selbstständiger in ihren Entscheidungen. Wenn ich immer nur auf die Regeln schauen würde, dann würde mein Kind – glaube ich – nie wirklich zur Selbstständigkeit erzogen werden.

Herr Wagner: Ich glaube nicht, dass meine Töchter unselbstständiger sind als andere Jugendliche, nur weil sie sich an bestimmte Uhrzeiten halten müssen, zu denen sie zu Hause sein sollen. Ich denke, gerade ein geregeltes Leben führt zu mehr Selbständigkeit im späteren Leben. Gerade weil die jungen Leute gelernt haben, dass Regeln sinnvoll sind und Struktur und Halt geben. Deshalb bin ich für die Regel: Um 22 Uhr müssen Teenager zu Hause sein.

Moderatorin: *Ja, vielen Dank, Herr Wagner, vielen Dank, Frau Reize. Unsere Sendezeit ist um. Sicherlich gäbe es noch weitere Aspekte zu diskutieren, aber ich glaube, unsere Zuhörerinnen und Zuhörer haben die Möglichkeit, sich selbst zu diesem Thema noch einige Gedanken zu machen.*

Transkriptionen

Modelltest 2

Hören Teil 1

10

Sie hören nun fünf kurze Texte. Sie hören jeden Text zweimal. Zu jedem Text lösen Sie zwei Aufgaben. Wählen Sie bei jeder Aufgabe die richtige Lösung. Lesen Sie zuerst das Beispiel.
Dazu haben Sie 10 Sekunden Zeit.

Beispiel
Sie hören die Verkehrsnachrichten im Radio.
Und hier noch die aktuelle Verkehrsübersicht zur vollen Stunde. Eine gute Nachricht für alle, die auf dem Nachhauseweg sind: Freie Fahrt auf den meisten Autobahnen. Nur auf der A3 zwischen Hürth und Köln Neustadt drei Kilometer stockender Verkehr. A22 zwischen Aartal und Rheinhausen zwei Kilometer Stau wegen eines Unfalls. Und noch eine Eilmeldung: Achtung, auf der A14 Höhe Neuwied liegen Gegenstände auf der Fahrbahn.

11

Nummer 1
Sie hören eine Nachricht auf dem Anrufbeantworter.
Guten Tag, Frau Weber. Mein Name ist Schadt von der Allmedia. Sie haben bei uns das Komplettpaket aus Festnetz, Internet und Fernsehen bestellt. Ich bin der Techniker, der alles bei Ihnen einrichten soll. Der Anschluss wird am Freitagmorgen freigeschaltet. Könnte ich dann am Nachmittag zwischen 15:30 Uhr und 17:00 Uhr kommen? Die nötigen Geräte bekommen Sie diese Woche noch zugeschickt. Rufen Sie mich bitte zurück unter 079 6753814, danke.

12

Nummer 2
Sie hören eine Durchsage im Zug.
Verehrte Fahrgäste, ich begrüße Sie auf unserer Fahrt von Berlin nach Basel über Kassel, Göttingen, Frankfurt und Freiburg. Aufgrund einer technischen Störung haben wir zur Zeit circa 15 Minuten Verspätung. Über Ihre Anschlussmöglichkeiten informiere ich Sie rechtzeitig. Außerdem können aufgrund der Störung keine Platzreservierungen angezeigt werden. Ich bitte Sie, die Plätze für Reisende mit Platzreservierungen freizumachen. In unserem Bordrestaurant gibt es wegen der technischen Probleme heute leider nur kalte Getränke und einige Snacks. Ich bitte um Ihr Verständnis.

13

Nummer 3
Sie hören eine Nachricht auf dem Anrufbeantworter.
Hallo Lena, hier ist Sascha. Du, ich habe noch mal überlegt wegen des Hochzeitsgeschenks für Thorsten und Sonja. Ich glaube, am besten ist doch Geld für ihre geplante Reise. Sie wollen auf die Bahamas, da freuen sie sich über jeden Euro, hat Thorsten gesagt. Wir, also du, ich, Leo und Karin könnten doch zusammenlegen und noch eine schöne Karte oder lustige Verpackung für das Geld besorgen. Was meinst du? Ruf mich an, bis dann.

14

Nummer 4
Sie hören eine Durchsage im Bus.
Verehrte Fahrgäste. An Heiligabend und Silvester verkehren unsere Busse bis 18:00 Uhr nach dem normalen Fahrplan. Danach fahren nur noch die Nachtbusse. Die Abfahrtszeiten entnehmen Sie bitte den Aushängen an den Haltestellen. Beachten Sie auch, dass am 27. und am 28.12. auf allen Linien der Samstagsfahrplan gilt. Die Hanse Hamburg Verkehrsbetriebe wünschen Ihnen frohe Weihnachten und ein gutes neues Jahr.

15

Nummer 5
Sie hören eine Nachricht auf dem Anrufbeantworter.
Guten Tag Herr Berger, hier spricht Kiefer von der Münchener UM GmbH. Sie haben uns geschrieben, dass Sie gerne Ihre Versicherungen prüfen lassen würden und sich auch über Anlagemöglichkeiten informieren möchten. Wir freuen uns, dass Sie sich an uns wenden und beraten Sie selbstverständlich gerne. Würde es Ihnen am Donnerstag passen? Ich könnte um 18:00 Uhr bei Ihnen sein. Sagen Sie mir bitte Bescheid. Sie erreichen mich heute noch bis 18:30 Uhr unter 089 78830 und morgen zwischen 14:00 Uhr und 16:30 Uhr.

Sie hören nun einen Text. Sie hören den Text einmal. Dazu lösen Sie fünf Aufgaben.
Wählen Sie bei jeder Aufgabe die richtige Lösung a , b oder c .
Lesen Sie jetzt die Aufgaben 11 bis 15. Dazu haben Sie 60 Sekunden Zeit.

Sie nehmen an einer Fortbildung in Ihrer Firma teil.

Grüß Gott, sehr verehrte Damen und Herren. Ich bin Leonard Reichert und begrüße
Sie ganz herzlich zu unserer zweitägigen Fortbildung. Sie wissen, es geht um die neue
Verwaltungssoftware in Ihrer Firma. Natürlich kann ich verstehen, dass Sie sich nicht
besonders darüber freuen, sich in ein ganz neues System einarbeiten zu müssen, aber
ich hoffe, Sie werden schnell erkennen, wie einfach das neue Programm zu bedienen
ist. Außerdem bietet es alle Funktionen, die Sie brauchen, so dass Sie nicht mehr
zwischen verschiedenen Programmen wechseln müssen. Das hat ja hier immer wieder zu
Problemen geführt.
Heute möchte ich Sie mit den Grundlagen des Programms vertraut machen und Ihnen
zeigen, wie Sie E-Mails verschicken können und innerhalb des Firmennetzwerkes mit
Kollegen kommunizieren können. Außerdem möchte ich Ihnen Tipps zum Anlegen
des Adressbuches geben und Ihnen die Kalenderfunktion vorstellen. Sie sehen, dafür
brauchen Sie ab jetzt keine zusätzliche Software mehr.
Morgen werden wir uns dann den ganzen Tag mit den Programmfunktionen der
einzelnen Sachgebiete beschäftigen. Dazu wäre es hilfreich, wenn Sie sich vorher eine
kleine Liste machen könnten mit Dingen, die für Sie besonders wichtig sind.
Zunächst möchte ich Ihnen den Aufbau und die verschiedenen Teile der Software
vorstellen. Ich möchte mich auf das beschränken, was Sie für die Benutzung wirklich
brauchen. Nach dieser Einführung können Sie gerne Fragen dazu stellen. Und dann sind
Sie dran. Ich möchte, dass Sie gleich alles mitmachen, vom Start des Programms über die
Anmeldung bis hin zu den einzelnen Funktionen. Bitte fragen Sie, wenn etwas nicht klar
sein sollte. Natürlich bekommen Sie die wichtigsten Informationen auch noch einmal
schriftlich. Keine Sorge, Sie müssen das Programm nach diesem Wochenende nicht
perfekt verstehen, ich werde noch die ganze nächste Woche in der Firma sein, um Ihnen
zu helfen und Sie zu beraten. Außerdem werde ich alle Daten aus dem alten System in
das neue übertragen. Damit haben Sie nichts zu tun. Bis zur Mittagspause sehen wir uns
alles rund um E-Mails, Kurzmitteilungen und Notizen an. Nach der Mittagspause geht es
dann weiter mit dem Adressbuch und dem Kalender.
Haben Sie Im Moment schon Fragen? Nein? Gut, dann fangen wir an.

Transkriptionen

Sie hören nun ein Gespräch. Sie hören das Gespräch einmal. Dazu lösen Sie sieben Aufgaben.
Wählen Sie: Sind die Aussagen richtig oder falsch? Lesen Sie jetzt die Aufgaben 16 bis 22.
Dazu haben Sie 60 Sekunden Zeit.

Sie sitzen im Wartezimmer Ihres Hausarztes und hören ein Gespräch zwischen zwei wartenden Patienten.

Fr. Zimmermann: Guten Tag Herr Reinhard, mein Gott, das sieht ja schlimm aus. Was ist denn passiert?

Hr. Reinhard: Ich hatte einen kleinen Unfall, ich bin auf der Straße ausgerutscht. Es sieht schlimmer aus, als es ist.

Fr. Zimmermann: Ja, es ist furchtbar glatt und viele Leute räumen den Schnee nicht weg. Ich wäre vor ein paar Tagen auch fast hingefallen.

Hr. Reinhard: Ich war zwar vorsichtig, aber ich konnte das Eis unter dem Schnee nicht sehen, und da war es passiert.

Fr. Zimmermann: Oh ja, das Eis ist besonders gefährlich. Sie sind auf den Kopf gefallen, oder?

Hr. Reinhard: Ja, es ging so schnell, dass ich mich nicht abstützen konnte. Aber ich hatte Glück, es ist keine Gehirnerschütterung. Und ich hatte meine Brille auf, sie ist zwar kaputt, aber zum Glück ist den Augen nichts passiert. Die Wunde über dem Auge hat furchtbar geblutet, aber sonst ist nichts. Es sieht halt nicht schön aus. Ich habe es gar nicht so gemerkt, aber als ich nach Hause kam, hat meine Frau richtig geschrien und mich sofort ins Krankenhaus gefahren. Schlimmer ist die Schulter.

Fr. Zimmermann: Was ist denn mit der Schulter?

Hr. Reinhard: Ich bin zuerst auf die rechte Schulter gefallen und danach mit dem Kopf aufgeschlagen. Die Schulter ist zwar glücklicherweise nicht gebrochen, aber stark geprellt. Ich kann den Arm nicht bewegen.

Fr. Zimmermann: Und dann auch noch der rechte! Wurde die Schulter geröntgt?

Hr. Reinhard: Ja, aber sie ist wie gesagt nicht gebrochen. Es ist nur lästig, weil ich fast gar nichts alleine machen kann. Meine Frau muss mir beim Anziehen und beim Essen helfen, ich kann ja nichts schneiden.

Fr. Zimmermann: Na ja, immerhin haben Sie jemanden, der Ihnen hilft. Haben Sie denn auch Schmerzen?

Hr. Reinhard: Es ist schon viel besser geworden, aber ab und zu tut es schon noch weh. Der Arzt sagt, das wird auch noch zwei bis drei Wochen dauern.

Fr. Zimmermann: Können Sie denn arbeiten gehen?

Hr. Reinhard: Nein, diese Woche bin ich noch krankgeschrieben. Nächste Woche versuche ich wieder arbeiten zu gehen, meine Frau kann mich hinfahren, und dann geht es schon irgendwie. Am Computer geht es zur Not auch mit links, aber ich kann dann sicher den Arm wieder besser bewegen, und wenn es weh tut, nehme ich eine Tablette.

Fr. Zimmermann: Na ja, Sie sollten schon aufpassen. Mit der Schulter sollte man vorsichtig sein.

Hr. Reinhard: Sicher, ich muss halt ein bisschen Geduld haben. Warum sind Sie denn hier?

Fr. Zimmermann: Ich habe seit einiger Zeit Probleme mit dem Blutdruck, er ist zu hoch. Ich nehme zwar Tabletten, aber so ganz hat Dr. Weingarten es noch nicht im Griff.

Hr. Reinhard: Oh, da müssen Sie aber auch vorsichtig sein. Dann gute Besserung, Frau Zimmermann.

Fr. Zimmermann: Danke, Ihnen auch Herr Reinhard.

Sie hören nun eine Diskussion. Sie hören die Diskussion zweimal. Dazu lösen Sie acht Aufgaben.
Ordnen Sie die Aussagen zu: Wer sagt was? Lesen Sie jetzt die Aussagen 23 bis 30.
Dazu haben Sie 60 Sekunden Zeit.

Der Moderator der Radiosendung „Talk am Mittag" diskutiert mit der Maklerin Gabriele Lennert und dem Studenten Jens Richter zum Thema „Wohnungsnot in den Städten".

Moderator: *Liebe Hörerinnen und Hörer, herzlich willkommen zu „Talk am Mittag". Unser Thema heute ist die Wohnungsnot in den Städten. Seit einiger Zeit kann man fast täglich in der Presse lesen, wie schwierig es im Moment ist, in den Städten eine bezahlbare Wohnung zu finden. Die Mieten steigen und steigen. Besonders Studenten und junge Familien leiden unter dieser Situation. Als Gäste habe ich Frau Gabriele Lennert eingeladen, die Wohnungen vermittelt, und den Studenten Johannes Richter, der selbst lange nach einem Zimmer suchen musste. Frau Lennert, Sie sind Maklerin und haben eine ganz besondere Wohnungsvermittlung gegründet. Erzählen Sie doch kurz davon.*

Fr. Lennert: Ich bin schon seit über zwanzig Jahren Maklerin und da kenne ich natürlich die Situation auf dem Wohnungsmarkt. Ich denke, die Entwicklung wird zu noch größeren Problemen führen. Leider kann ich keine neuen Wohnungen bauen, aber ich hatte eine Idee, wie man vorhandenen Wohnraum besser nutzen kann. Es gibt nämlich nicht nur viele junge Leute, die verzweifelt eine Wohnung suchen, es gibt gleichzeitig viele ältere Menschen, die alleine sind und in Wohnungen leben, die zu groß für sie sind. So habe ich angefangen, Studenten und Auszubildenden Zimmer bei älteren Menschen zu vermitteln, die etwas Hilfe im Haushalt brauchen.

Moderator: *Herr Richter, Sie gehören zu diesen Studenten, die über Frau Lennert ein Zimmer bekommen haben. Wie lebt es sich in dieser besonderen Form der Wohngemeinschaft.*

Hr. Richter: Ich denke, es ist schon eine spezielle Erfahrung, sicher auch eine wertvolle. Ich wohne jetzt in der Wohnung eines älteren Herrn und das klappt eigentlich sehr gut. Bei meiner ersten Vermieterin bin ich nach drei Monaten wieder ausgezogen. Die Dame wollte, dass ich auch abends mit ihr fernsehe oder Karten spiele, und das war dann doch etwas zu viel.

Fr. Lennert: So etwas kann natürlich passieren, obwohl meine Mitarbeiter und ich uns sehr bemühen, herauszufinden, was die älteren Menschen von ihrem jungen Mitbewohner oder ihrer jungen Mitbewohnerin erwarten. Wir sagen auch klar, dass zu den Pflichten der Untermieter nur gehört, einkaufen zu gehen, zu kochen und die Wohnung sauber zu halten. Die jungen Leute sind nicht verpflichtet, ihre Freizeit mit den älteren Herrschaften zu verbringen.

Moderator: *Aber ist diese Gefahr nicht sehr groß? Sie haben ja selbst gesagt, dass es alleinstehende Personen sind. Diese wünschen sich doch bestimmt auch den persönlichen Kontakt.*

Hr. Richter: Natürlich habe ich einen persönlichen Kontakt zu meinem Vermieter, wir kochen und essen zusammen, manchmal gehen wir auch spazieren. Aber er sieht es genauso praktisch wie ich: Er ist nicht mehr die ganze Zeit alleine und ich habe ein günstiges Zimmer. Jeder hat etwas davon, aber jeder hat auch sein eigenes Leben.

Fr. Lennert: Natürlich gibt es hin und wieder auch Probleme, aber meistens geht es doch überraschend gut. Das liegt auch daran, dass wir nach der Vermittlung weiterhin als Ansprechpartner zur Verfügung stehen. Für mich ist es nicht nur eine Möglichkeit, Geld zu verdienen, ich betrachte es mittlerweile als großes soziales Projekt.

Moderator: *Darauf wollte ich gerade zu sprechen kommen. Könnte das nicht ein Modell für die Zukunft werden? Ältere und Jüngere leben wieder gemeinsam. Deutschland muss sich doch dringend mit der Tatsache beschäftigen, dass wir immer älter werden und dass immer mehr Menschen alleine leben. Frau Lennert.*

Fr. Lennert: Ja, das wünsche ich mir sehr, dass die Politiker endlich aufwachen und anfangen zu handeln. Gerade in den Städten müssen wieder viel mehr Wohnungen gebaut werden, die günstig sind und die sich für verschiedene Formen des Zusammenlebens eignen.

Hr. Richter: Das ist auch meine Meinung. Es ist die Aufgabe der Politik, die Städte als Lebensraum zu erhalten. Sehen Sie sich doch um. Überall werden Einkaufszentren gebaut, die eigentlich immer gleich aussehen, und schöne Stadtviertel werden zu reinen Luxusgegenden. In Zukunft leben nur noch Reiche in der Stadt. Außerdem sollte man sich doch aussuchen können, wie und wo man wohnt. Wie gesagt, meine jetzige Wohnsituation ist eine schöne Erfahrung, aber eigentlich würde ich gerne mit meiner Freundin zusammenziehen. Ich würde einfach gerne selbst entscheiden.

Fr. Lennert: Ich kann Herrn Richter gut verstehen, möchte aber sagen, dass viele meiner jungen Kunden nach kurzer Zeit von dem Zusammenleben mit einem älteren Menschen begeistert sind. Die Älteren können nämlich manchen guten Ratschlag geben und sind gute Zuhörer, wenn man einmal reden möchte. Und die meisten meiner älteren Kunden sind erstaunt, wie verantwortungsbewusst die Jungen doch sind. Ich weiß, dass es mittlerweile in vielen Städten diese Form der Wohnungsvermittlung gibt. Ich hoffe und glaube: das kann das soziale Klima hier in Deutschland verbessern.

Hr. Richter: Ich möchte nicht missverstanden werden, Frau Lennert. Ich bin durchaus für ein Miteinanderleben, aber es gehört zu unseren Rechten, über das Wo und Wie frei entscheiden zu können.

Moderator: *Auch ich denke, wir sollten wieder lernen miteinander zu leben. Nicht nur Alte und Junge, alle, die in diesem Land leben. Liebe Frau Lennert, lieber Herr Richter, ich bedanke mich ganz herzlich bei Ihnen für dieses Gespräch.*

Transkriptionen

Modelltest 3

Hören Teil 1

19

Sie hören nun fünf kurze Texte. Sie hören jeden Text zweimal. Zu jedem Text lösen Sie zwei Aufgaben. Wählen Sie bei jeder Aufgabe die richtige Lösung. Lesen Sie zuerst das Beispiel. Dazu haben Sie 60 Sekunden Zeit.

Beispiel
Sie hören eine Nachricht auf dem Anrufbeantworter.
Hallo Christoph, hier ist Sandra. Wir wollten doch eigentlich letzte Woche auf das Grillfest gehen. Aber ich musste auf eine Dienstreise und konnte dich nicht mehr erreichen. Unser Treffen sollten wir aber nachholen. Wie wäre es mit dem kommenden Wochenende? Das Wetter soll ja schön bleiben, also könnten wir uns am Flussufer treffen und dort auf dem Grillplatz Bratwürste und Steaks braten. Wenn ja, bringst du einen Salat mit? Ich besorge dann das Fleisch und die Würste. Melde dich.

20

Nummer 1
Sie hören den Wetterbericht im Radio.
Und hier kommt das Wetter für das Burgenland: Am morgigen Sonntag zunächst Sonnenschein. Dabei ist es feucht-heiß mit Temperaturen um die 35 Grad. Am Spätnachmittag Aufzug von Bewölkung von Osten her. In der Nacht zum Teil starke Gewitter mit Sturm und Hagel. Am Montag stark bewölkt mit zeitweise leichtem Regen. Nach Abzug der Bewölkung ist es ab Mittwoch wieder sonnig, aber mit angenehmen 27 Grad nicht mehr so heiß.

21

Nummer 2
Sie hören eine Nachricht auf dem Anrufbeantworter.
Hoi Nina, hier ist der Christian. Du, die Vera hat angerufen, sie kommt morgen schon aus Frankfurt an. Kommst du mit an den Bahnhof? Wir können sie gemeinsam abholen. Der Zug kommt um 16:30 Uhr an. Ich hab auch schon einen Kuchen gebacken, die Vera wird bestimmt hungrig sein, nach der langen Bahnfahrt. Bestimmt gibt es viel zu erzählen. Bis morgen dann. Salü.

22

Nummer 3
Sie hören eine Nachricht auf dem Anrufbeantworter.
Guten Tag, Herr Klein. Hier Rechtsanwalt Dieter Jäger. In der Sache mit dem Autounfall vor zwei Wochen sind wir einen großen Schritt weitergekommen. Ein Zeuge hat sich bei der Polizei gemeldet und ein zufällig gemachtes Foto gezeigt. Darauf kann man den Unfall sehen und beweisen, dass Sie keine Schuld haben. Rufen Sie mich bitte zurück, damit wir unsere weiteren Schritte besprechen können. Auf Wiederhören.

23

Nummer 4
Sie hören eine Durchsage an der U-Bahn-Station.
Sehr geehrte Fahrgäste. Wegen Bauarbeiten zwischen den Stationen Hauptbahnhof und Sendlinger Tor fahren in diesem Abschnitt heute bis Betriebsende keine U-Bahnen. Fahrgäste zum Hauptbahnhof benutzen bitte die S-Bahn ab Karlsplatz oder fahren mit den Straßenbahnlinien 20 und 21 über Hauptbahnhof in Richtung Westfriedhof und Moosach. Wir bitten um Ihr Verständnis.

24

Nummer 5
Sie hören eine Nachricht auf dem Anrufbeantworter.
Guten Tag, Frau Schmitt. Hier ist Schneider von der Volkshochschule. Sie haben bei uns einen Filmkurs gebucht. Leider müssen wir den Kurs absagen, weil sich bisher nicht genug Teilnehmer angemeldet haben. Wir haben einen neuen Termin für den Kurs im nächsten Semester festgelegt. Wenn Sie können, buchen wir Sie dann auf den neuen Termin um. Bitte geben Sie uns Bescheid. Vielen Dank.

25

Sie hören nun einen Text. Sie hören den Text einmal. Dazu lösen Sie fünf Aufgaben.
Wählen Sie bei jeder Aufgabe die richtige Lösung a , b oder c .
Lesen Sie jetzt die Aufgaben 11 bis 15. Dazu haben Sie 60 Sekunden Zeit.

Sie nehmen an einer Führung durch eine Schweizer Schokoladenfabrik teil.

„Grüessech" und herzlich willkommen, liebe Besucherinnen und Besucher in unserer
Firma Jäggli Chocolatiers hier in Luzern. Mein Name ist Peter Jäggli und ich bin hier der
Juniorchef.
Jäggli Chocolatiers besteht seit über 100 Jahren und wurde von meinem Urgroßvater
gegründet. Seitdem stellt unsere Firma exzellente und vielfach ausgezeichnete
Schokoladenprodukte her, und wir sind stolz darauf, dass unser Name weltweit bekannt
und geschätzt ist.
Zuerst werde ich Ihnen ein paar Informationen darüber geben, wie Schokolade überhaupt
hergestellt wird. Sie erfahren, woher unsere Zutaten kommen und wie sie verarbeitet
werden. In unserem Wintergarten wachsen einige der Pflanzen: Ich werde Ihnen zwei
Kakaobäume und ein Beet mit Zuckerrohr zeigen. In den Vitrinen können Sie dann sehen,
in welchen Schritten die Kakaobohnen verarbeitet werden. Gerne beantworte ich dabei
Ihre Fragen.
In unserer gläsernen Fabrik können Sie dann dabei zuschauen, wie aus den Zutaten
Schokolade und Pralinés entstehen. Ganz am Ende der Führung durch die Fabrik werden
Sie Gelegenheit haben, unsere Produkte zu probieren und sich vom Geschmack unserer
Schokolade begeistern zu lassen.
In unserem kleinen Kino zeigen wir Ihnen einen kurzen Film über die „Speise der
Götter", wie die Schokolade bei den Maya und Azteken genannt wurde. Damals – im 16.
Jahrhundert – war Kakao ein Luxus für die reiche Oberschicht, Kakaobohnen wurden
sogar wie Geld benutzt: für eine Kakaobohne gab es eine Tomate, 100 Kakaobohnen
kostete ein Hähnchen oder auch ein Sklave. Auch für seine Braut musste der Bräutigam
an seine zukünftigen Schwiegereltern Kakaobohnen bezahlen – der Preis war abhängig
vom gesellschaftlichen Rang der Eheleute.
Nach diesem Film können Sie noch ein paar alte Werbefilme für Schokolade aus den
dreißiger bis fünfziger Jahren anschauen – die sind ziemlich lustig. Die Führung wird
ungefähr eineinhalb Stunden dauern. Sie endet in unserem Fabrikladen, wo sie zu
günstigen Preisen unsere Schokoladenprodukte kaufen können. Oder Sie besuchen unser
Bistro, wo Sie sich nach der Führung stärken und selbstverständlich einen schokoladigen
Nachtisch essen können.
Vergessen Sie bitte nach dem Besuch unserer Firma nicht, sich auch unsere schöne
Stadt Luzern anzuschauen, besonders heute bei dem wunderbaren Frühlingswetter. Ich
wünsche Ihnen viel Spaß.

Transkriptionen

Sie hören nun ein Gespräch. Sie hören das Gespräch einmal. Dazu lösen Sie sieben Aufgaben.
Wählen Sie: Sind die Aussagen richtig oder falsch? Lesen Sie jetzt die Aufgaben 16 bis 22.
Dazu haben Sie 60 Sekunden Zeit.

Sie sitzen in der Mensa einer Universität und hören, wie sich zwei Studenten über ihre Semesterferien unterhalten.

Klaus: Hallo Eva.

Eva: Hallo Klaus. Was machst du denn hier? Mitten in den Semesterferien!

Klaus: Ich muss noch mal in die Bibliothek und da ein paar Bücher abgeben. Und um 11 muss ich zu Professor König. Ich habe noch ein paar Fragen zu der Hausarbeit, die ich bis zum Ende der Ferien schreiben muss.

Eva: Also doch keine richtigen Ferien. Warst du eigentlich auf der Semester-Abschlussparty vor zwei Wochen? Ich habe dich gar nicht gesehen.

Klaus: Da habe ich mit Claudia eine kleine Reise nach Venedig gemacht.

Eva: Nach Venedig?

Klaus: Ja. Claudia wollte schon immer mal dort hinreisen. Und vor zwei Wochen gab es ein supertolles Angebot. Vier Tage Venedig mit Flug, Unterkunft im Hotel Bristol in Mestre für nur 300 Euro.

Eva: Wahnsinn! Für den Preis wäre ich auch mitgeflogen. Habt ihr viel unternommen in Venedig?

Klaus: Naja, was man eben so macht: eine Rundfahrt mit dem Touristenboot durch die Stadt, ein paar Museen und Kunstgalerien und natürlich jede Menge Geschäfte.

Eva: Du warst shoppen? Ehrlich?

Klaus: Nicht ich, Claudia wollte unbedingt ein Paar Schuhe kaufen. Sie hat gedacht, italienische Schuhe seien schöner als die hier in Deutschland. Leider waren die auch ziemlich teuer.

Eva: War das für dich nicht ein bisschen langweilig?

Klaus: Das schon. Aber zum Glück hat Claudia schon im fünfzehnten Geschäft ein Paar Schuhe gefunden, die ihr gefallen haben. Zum Ausgleich musste sie dann mit mir das Museum im Dogenpalast besuchen. Claudia mag Museen nicht besonders, und historische Themen und alte Kunst mag sie überhaupt nicht. – Was machst du jetzt in den Semesterferien? Willst du auch wegfahren?

Eva: Ja, ich würde gern verreisen. Aber ich muss erst einmal das nötige Kleingeld verdienen. Also gehe ich arbeiten. Ich helfe bei einem Rechtsanwalt im Büro aus. Du weißt schon: Briefe schreiben, E-Mails versenden, Papiere sortieren, Termine mit Kunden machen und Kaffee kochen. Fast wie eine Sekretärin also.

Klaus: Wie lange machst du die Arbeit?

Eva: Seit letzter Woche, immer nachmittags von 14 bis 18 Uhr. Die Bezahlung ist für einen Studentenjob okay. Insgesamt bleibe ich zwei Monate bei dem Rechtsanwalt. Außerdem kann ich mir vielleicht ein paar Dinge bei ihm abschauen für mein Jurastudium. Wenn die Arbeit in zwei Monaten vorbei ist, kann ich vielleicht mit Adriana und Franziska für eine Woche ans Meer fahren.

Klaus: Dann hast du deinen Urlaub also noch vor dir. Meiner ist ja leider schon vorbei. Denn außer der Hausarbeit für die Uni gehe ich ab nächster Woche auch arbeiten. Ich habe einen Job im Hotel Zentrum gefunden und arbeite fünf Tage die Woche an der Rezeption. Ich hoffe, es wird nicht zu stressig.

Hören Teil 4

27

Sie hören nun eine Diskussion. Sie hören die Diskussion zweimal. Dazu lösen Sie acht Aufgaben. Ordnen Sie die Aussagen zu: Wer sagt was? Lesen Sie jetzt die Aussagen 23 bis 30. Dazu haben Sie 60 Sekunden Zeit.

Der Moderator der Sendung „Diskussion nach acht" diskutiert mit dem Ernährungswissenschaftler Dr. Spay und der zweifachen Mutter Frau Sturm über das Thema „Gesund essen in der Schule".

Moderator: Liebe Hörerinnen und Hörer. Herzlich willkommen zu unserer Sendung „Diskussion nach acht". Unser Thema heute ist „Gesund essen in der Schule". Dazu habe ich zwei Studiogäste eingeladen. Herr Dr. Spay ist Ernährungswissenschaftler an der Universität Göttingen und hat sich auf die Ernährung für Schulkinder spezialisiert. Frau Sturm ist Mutter von zwei Schulkindern, die auf eine Ganztagsschule hier in Göttingen gehen. Guten Abend. – Herr Dr. Spay, Warum gibt es die Diskussion um gesundes Essen für Kinder? Geben die Eltern ihren Kindern nur Ungesundes mit in die Schule?

Hr. Spay: Ich fürchte, größtenteils ja. Wenn ich heute Schulen besuche und mit den Kindern darüber rede, was sie alles gern essen und was sie so in die Schule mitnehmen, dann kann ich nur feststellen, dass das Bewusstsein für gesunde Ernährung bei den meisten Eltern nicht hoch ist.

Moderator: Können Sie uns dafür einige Beispiele nennen?

Hr. Spay: Das geht schon damit los, dass viele Kinder heute in die Schule kommen, ohne vorher zu Hause gefrühstückt zu haben. Ein gutes Frühstück ist aber wichtig, weil es die Konzentration fördert und weil die Kinder ohne etwas im Bauch oft müde sind. In der Schule werden dann Schokolade, Kekse und andere Süßigkeiten ausgepackt, die eigentlich gar nicht als Mahlzeit angesehen werden können. Zu viel Süßes blockiert nämlich die Aufmerksamkeit und die Fähigkeit zu lernen.

Fr. Sturm: Wenn ich kurz etwas dazu sagen darf: Es stimmt, dass viele Eltern ihren Kindern zu viele Süßigkeiten mitgeben. Aber andererseits fehlt es oft an Informationen für die Eltern, wie gesundes Essen aussieht. Welche Nahrungsmittel sind geeignet und welche weniger? Denn schließlich darf man einen wichtigen Faktor nicht vergessen: Das Pausenfrühstück muss den Kindern schmecken, sonst bringen sie es wieder mit nach Hause.

Hr. Spay: Weil die Kinder nicht an gesunde Nahrungsmittel gewöhnt sind. Wie zum Beispiel Brot, Salat, Obst, Rohkost.

Fr. Sturm: Wie bitte? Meinen Sie im Ernst, Kinder würden freiwillig Salat und Rohkost essen, wenn es am Schulkiosk Schokoriegel und Süßigkeiten gibt? Oder Wurstbrötchen?

Hr. Spay: Das ist ja eben das Problem. Die Schulen selbst verkaufen ungesunde Sachen als Nahrungsmittel, weil die weniger Arbeit machen und oft billiger sind als frische Ware.

Moderator: Seit ein paar Jahren gibt es in Deutschland immer mehr Ganztagsschulen. Auf diesen Schulen wird den Kindern ein Mittagessen angeboten, das von Ernährungsexperten zusammengestellt wurde und das alles enthält, was ein gesundes Essen ausmacht: eine Gemüsesuppe vorneweg, Gemüse und Salat mit wenig Fleisch oder Fisch als Hauptspeise, Obst als Nachtisch. Damit wird doch schon viel in der richtigen Richtung getan, oder?

Hr. Spay: Das stimmt. Bei den Schulmittagessen wird großer Wert auf eine gesunde Zusammensetzung gelegt. Nur leider werden die Schulessen von den Kindern nicht so angenommen. Die meisten haben etwas daran zu kritisieren.

Fr. Sturm: Weil das Essen den Kindern nicht schmeckt: Vollkornnudeln, die viel zu lange gekocht haben, Gemüse, das nach Fertigprodukten schmeckt und immer die gleichen Soßen ohne Geschmack: Mal braun, mal weiß. Wie im Krankenhaus. Und all das wird in einer Großküche irgendwo in Deutschland produziert und mit Lastwagen quer durch die Republik gefahren. Ist das gesundes Essen? Meine Kinder mögen das jedenfalls nicht. Zu Hause gibt es bei uns jeden Tag frisches Obst und Gemüse.

Hr. Spay: Sie dürfen natürlich nicht den finanziellen Aspekt vergessen. Die Zubereitung von Essen, wie Sie es zu Hause machen, ist zwar schön und gut, aber für das Schulessen wäre der Preis zu hoch.

Moderator: Wäre es dann nicht eine gute Idee mit den Stadtpolitikern zu reden und sie zu überzeugen, mehr Geld für das Schulessen auszugeben, Herr Dr. Spay?

Hr. Spay: Sie müssen einfach mal nachrechnen: Etwa 5000 Schülerinnen und Schüler gehen in dieser Stadt in die Ganztagsschule. Das sind 5000 Mittagessen pro Tag. Macht man das Essen um einen Euro pro Schüler teurer, muss die Stadtverwaltung dafür 5000 Euro mehr ausgeben – pro Tag! Oder aber die Eltern müssen sich an den Kosten stärker als bisher beteiligen. Wenn Sie die Mahlzeiten aus der Zentralküche nicht mehr haben wollen, muss an jeder Schule ein Koch oder eine Köchin eingestellt werden. Die Personalkosten würden so stark anwachsen, dass das Schulessen für die meisten Eltern und auch für die Stadtverwaltung nicht mehr bezahlbar wäre.

Fr. Sturm: Es geht also darum, den Schülern in der Hauptsache billiges Essen zu servieren und das dann als gesund vorzustellen.

Moderator: Es muss auf jeden Fall ein Weg gefunden werden, auch mit wenig Geld gesundes Essen, das den Kindern schmeckt, an die Schulen zu bringen. Damit ist unsere Sendezeit leider schon vorbei. Ich danke Ihnen für die interessante Diskussion.

Transkriptionen

Modelltest 4

Hören Teil 1

28

Sie hören nun fünf kurze Texte. Sie hören jeden Text zweimal. Zu jedem Text lösen Sie zwei Aufgaben. Wählen Sie bei jeder Aufgabe die richtige Lösung. Lesen Sie zuerst das Beispiel.
Dazu haben Sie 10 Sekunden Zeit.

Beispiel:
Sie hören eine Nachricht auf dem Anrufbeantworter.
Hallo Angelika, hier spricht Franz, wir wollten doch heute Abend in die Oper gehen. Die Vorstellung beginnt um 20 Uhr. Gerade habe ich gehört, dass die U-Bahn heute wegen Bauarbeiten nicht fährt. Wir müssen also die Straßenbahn nehmen. Das heißt, wir sollten eine halbe Stunde früher, also schon um 18:30 Uhr, losfahren und nicht erst um 7. Geht das? Melde dich.

29

Nummer 1
Sie hören eine Durchsage im Kaufhaus.
Verehrte Kundinnen und Kunden, heute kommt das Kasperle für unsere kleinen Gäste in unser Haus. Die Aufführung des bekannten Puppentheaters Pucking „Kasperle im Wienerwald" beginnt um drei Uhr in der Kinderabteilung im dritten Stock. Die Vorstellung dauert eine dreiviertel Stunde. Danach gibt's für die Kinder noch ein Eis mit Sahne oder einen Kakao.

30

Nummer 2
Sie hören eine Nachricht auf dem Anrufbeantworter.
Hallo Gerd, hier ist Lisa. Du warst gestern nicht an der Uni. Was ist los? Bist du krank? Ich wollte dir sagen, dass wir für nächste Woche zum Thema „Kunst im Mittelalter" einen Text lesen sollen. Die Kopie kannst du dir in der Unibibliothek abholen. Wenn du krank bist, melde dich, dann kann ich dir den Text auch vorbeibringen.

31

Nummer 3
Sie hören eine Verkehrsmeldung im Radio.
Hier ist Radio XXL mit der Verkehrsdurchsage. Autobahn A 1 Bern – Zürich: zwischen Aarau und Lenzburg zahlreiche Staus durch starken Schneefall. Vorsicht: Stellenweise ist es glatt. Die Hauptstraße H 11 Wassen – Meiringen ist wegen dichten Nebels nicht befahrbar. Es gibt eine Umleitung über die H 19 über Andermatt. Achtung! Auf der H 12 zwischen Bern und Solothurn gibt es Kühe auf der Straße. Fahren Sie bitte vorsichtig.

32

Nummer 4
Sie hören eine Durchsage am Bahnhof.
Gleis 3, bitte beachten Sie: Der Intercity 35 von Konstanz nach Norddeich über Bonn – Köln – Düsseldorf – Münster, Abfahrt um 13:42 Uhr, wird wegen einer Türstörung etwa 60 Minuten später ankommen. Reisende nach Köln und Düsseldorf benutzen bitte den Regionalexpress nach Duisburg, Abfahrt um 13:50 Uhr von Gleis 5. Reisende nach Bonn nehmen die Mittelrheinbahn, Abfahrt um 14:02 Uhr von Gleis 1.

33

Nummer 5
Sie hören den Wetterbericht im Radio.
Und hier ist das Wetter für das Rheinland für morgen, Sonntag, den 1. Oktober. Das schöne Herbstwetter bleibt am Wochenende unverändert. Die Sonne scheint, es sind milde 23 bis 25 Grad. Erst am Sonntagabend ziehen dann von Norden her Wolken auf und bringen zum Wochenbeginn zum Teil starke Regenschauer mit den ersten Herbststürmen. Die Temperaturen fallen auf Werte um 15 Grad, bei Sturm auf 10 Grad.

34

Sie hören nun einen Text. Sie hören den Text **einmal**. Dazu lösen Sie fünf Aufgaben.
Wählen Sie bei jeder Aufgabe die richtige Lösung $\boxed{a}$, $\boxed{b}$ oder $\boxed{c}$. Lesen Sie jetzt die Aufgaben 11 bis 15.
Dazu haben Sie 60 Sekunden Zeit.

Sie nehmen an einer Veranstaltung über Leihfahrräder in Schweizer Städten, dem sogenannten Bikesharing, teil.

Grüezi miteinand, härzlech willkommen auf unserer Veranstaltung Pro Velo. Stellen Sie
sich einmal vor, Sie wollen nach dem abendlichen Grillieren mit Freunden nach Hause. Es
ist schon ein Uhr, das letzte Tram ist gerade gefahren. Also: Sie können nach Hause laufen
oder ein teures Taxi nehmen … Jedenfalls so lange, wie es in unserer Stadt noch kein
Bikesharing-System gibt.
Bikesharing bedeutet: Sie gehen zu einer nahe gelegenen Velostation, wo Sie sich
mit Ihrer elektronischen Benutzerkarte ein Fahrrad ausleihen können, mit dem Sie
problemlos nach Hause radeln. Was sich hier so einfach anhört, ist aber leider in vielen
schweizerischen Städten noch nicht Standard. Viel zu lange wurden das Automobil, der
Bus, das Tram und die Bahn gefördert. Das Velo als öffentliches Verkehrsmittel wurde
vergessen.
Dabei hat das Bikesharing eindeutige Vorteile: Gerade 4,5 Millionen Franken würde
es kosten, für eine Stadt wie zum Beispiel Zürich 500 Velos anzuschaffen und 50
Velostationen aufzubauen. Stadtpolitiker sprechen zwar gern von zu hohen Kosten,
aber ein einziges Tram kostet um die 3 Millionen Franken. Velofahren ist also eindeutig
preiswerter für die Stadt.
Und es ist umweltfreundlich. Außer bei der Produktion verursacht das Velo keine CO_2-
Emissionen, es entstehen keine Abgase und keine schlechte Luft. Für die Fahrer ist es
eine gesunde Alternative zum Sitzen im Automobil, denn die sportliche Bewegung in der
frischen Luft macht fit.
Es gibt kaum ein Verkehrsmittel, mit dem man schneller durch die Zentren der großen
Städte kommt, allerdings nur dann, wenn es genug Velowege gibt. In dieser Hinsicht hat
sich in der Schweiz in den letzten Jahren einiges getan. Allein Zürich hat inzwischen ein
Velowegnetz von 340 Kilometern Länge. Natürlich gibt es hier noch einiges zu tun, denn
oft sind die Wege noch nicht gut genug ausgebaut.
Bikesharing ist auch nicht teuer. Einen Mitgliedsbeitrag von 30 bis 40 Franken im Jahr
kann sich jeder leisten. Nur wer ein Velo länger als eine Stunde am Tag ausleiht, muss
dann ein paar Franken extra bezahlen. Ein weiterer Vorteil ist: Die Mietvelos kann man
überall ausleihen und wieder abgeben, das System ist unkompliziert. Für Reparaturen
sorgt die Gemeinde als Velovermieter.
Wir würden uns freuen, wenn Sie uns beim Aufbau eines Velomietsystems unterstützen.
Ich danke Ihnen für Ihre Aufmerksamkeit …

Transkriptionen

Sie hören nun ein Gespräch. Sie hören das Gespräch einmal. Dazu lösen Sie sieben Aufgaben.
Wählen Sie: Sind die Aussagen richtig oder falsch? Lesen Sie jetzt die Aufgaben 16 bis 22.
Dazu haben Sie 60 Sekunden Zeit.

Sie sitzen im Bus und hören, wie sich zwei junge Leute über die Berufswahl unterhalten.

Georg: Hallo Leonie. Schön, dich hier zu sehen. Wie geht's denn so?

Leonie: Hallo Georg. Gut geht's mir. Und bei dir? Alles in Ordnung?

Georg: Ja, alles klar. Sag mal, Leonie, du bist doch gerade mit der Schule fertig geworden. Ist schon alles vorbei?

Leonie: Fast. Nur noch diese Woche, dann bekomme ich mein Abschlusszeugnis. Und dann habe ich für immer schulfrei.

Georg: Und? Ist das Zeugnis okay? Wie ich dich kenne, muss es doch super sein.

Leonie: Ja, in Mathe, Deutsch, Englisch und Bio habe ich eine eins, in Geschichte und Sozialkunde eine zwei und in Sport eine drei.

Georg: So unsportlich bist du doch gar nicht.

Leonie: Ja, aber ich habe mich nicht gut mit dem Sportlehrer verstanden. Herr Deibl ist nämlich oft unfair und macht blöde Bemerkungen über die sportlichen Leistungen von Frauen. Das mag ich überhaupt nicht. Verstehst du?

Georg: Jaja. Den Deibl hatte ich früher auch. Allerdings in Erdkunde. Der Unterricht war stinklangweilig und er hat sich immer irgendwelche Schüler herausgepickt, die er dann unfair behandelt hat.

Leonie: Das Problem Schule ist ja jetzt erst einmal vorbei. Aber ich glaube, es kommt bald ein neues Problem auf mich zu. Die Ausbildung. Wenn ich nur wüsste, welcher Beruf für mich der richtige wäre.

Georg: In Sprachen und Naturwissenschaften warst du doch immer gut in der Schule. Ich könnte mir vorstellen, dass du damit bei einer Bank oder einer Versicherung gute Chancen hättest. Außerdem werden die Jobs dort immer noch gut bezahlt.

Leonie: Ja, das stimmt. Aber andererseits ist es für mich uninteressant, den ganzen Tag in einem Büro rumzusitzen und mit niemandem Kontakt zu haben außer mit meinem Computer. Ich würde lieber etwas machen, wo ich unter Leuten bin. Und wo ich kreativ sein kann und Ideen haben darf. Wie zum Beispiel als Friseurmeisterin.

Georg: Aber bis zur Meisterin ist es ein langer Weg. Und bis dahin musst du jeden Tag für wenig Geld in irgendwelchen Friseursalons herumstehen, Haare waschen, den Fußboden sauber machen und so weiter. Und nur mit viel Glück kannst du deine Ideen verwirklichen und Geld verdienen. Vielleicht wäre irgendein medizinischer Beruf etwas für dich?

Leonie: Medizinisch-technische Assistentin, daran hab ich auch schon gedacht.

Georg: Du arbeitest in medizinischen Laboren, in einem Krankenhaus oder in einer Arztpraxis. Du hast Kontakt zu Patienten und deinen Kollegen. Du kannst Medizin und Bürotätigkeit miteinander verbinden und hast gute Chancen, einen Job zu bekommen.

Leonie: Das wäre vielleicht was. Ich muss es mir noch mal überlegen. Jetzt bin ich aber zu Hause und muss aussteigen.

Georg: Dann tschüss. Und ruf mich mal an.

Leonie: Mach ich. Tschüss.

Hören Teil 4

36

Sie hören nun eine Diskussion. Sie hören die Diskussion zweimal. Dazu lösen Sie acht Aufgaben.
Ordnen Sie die Aussagen zu: Wer sagt was? Lesen Sie jetzt die Aussagen 23 bis 30.
Dazu haben Sie 60 Sekunden Zeit.

Die Moderatorin der Sendung „Was uns bewegt" diskutiert mit der Musikstudentin Hanna Moser und dem Journalisten Franz Burgstaller über das Thema „Wer hört heute noch Volksmusik?".

Moderatorin: Liebe Hörerinnen und Hörer. Herzlich willkommen zu unserer Sendung „Was uns bewegt", heute mit dem Thema „Volksmusik". Bei uns im Studio sind wie immer zwei Gäste. Hanna Moser ist Musikstudentin an der Universität in München.
Fr. Moser: Grüß Gott.
Moderatorin: Herr Burgstaller ist Journalist der Wiener-zeitung.
Hr. Burgstaller: Servus.
Moderatorin: Ob in den USA, in Kanada, Australien oder anderswo auf der Welt: Wenn ein deutscher Chor mit deutschen Volksliedern auf der Bühne steht, ist das Konzert fast immer ausverkauft. Die Fischer-Chöre haben zahlreiche Tourneen durch das Ausland gemacht und überall auf der Welt scheint man deutsche Volkslieder gern zu hören – außer in Deutschland. Hier interessieren sich, wenn überhaupt, allerhöchstens Angehörige der Generation 65+ dafür, junge Leute sind überhaupt nicht für Volkslieder zu begeistern. Sie hören in der Hauptsache Popmusik auf Englisch, teilweise ohne die Texte zu verstehen. Woran das liegen könnte, darüber wollen wir heute diskutieren. Frau Moser, Sie sind hier als Vertreterin der jungen Generation. Warum ist volkstümliche Musik in Deutschland in Ihrer Generation so schlecht angesehen?
Fr. Moser: Zunächst sollten wir einmal die Begriffe klären. Sie sprechen im Titel der Sendung von Volksmusik, Ihre Beispiele betrafen aber Volkslieder. Das sind zweierlei Dinge, wie ich meine. Volksmusik ist Musik, die behauptet, etwas mit dem Volk zu tun zu haben, mit seinen Traditionen. In Wirklichkeit ist sie doch nur kitschige Massenproduktion, die eher die alte Generation anspricht. Volkslieder sind uraltes Kulturgut, das auch von jungen Musikgruppen erfolgreich aufgeführt wird. Wenn meine Generation also mit einer Musikrichtung nichts anfangen kann, dann ist es die kommerzielle Volksmusik, die mit Tradition rein gar nichts zu tun hat.
Hr. Burgstaller: Bei uns in Österreich sehen wir das alles etwas entspannter. Volksmusik ist bei uns ein Bestandteil unserer Kultur. Sie kommt auch dem Tourismus zugute, denn viele ausländische Touristen lieben deutschsprachige Volkslieder, sie mögen bayerische oder Tiroler Bierzeltmusik, sie mögen die Volkslieder über den Rhein. Und wenn sie dann nach Deutschland oder Österreich in Urlaub fahren, dann möchten sie diese Musik auch live erleben. Das erklärt, warum zum Beispiel Feste wie das Oktoberfest in München im Ausland sehr beliebt sind.

Moderatorin: Der neuseeländische Jazzmusiker Hayden Chisholm zeigt in einem Dokumentarfilm mit dem Titel „Sound of Heimat" die gegenwärtige Situation der Volksmusik in Deutschland. Während besonders in Westdeutschland vielen Menschen ihre alten Kulturlieder peinlich sind, fand er in Ostdeutschland und im Süden der Republik zahlreiche Menschen, die von Volksmusik begeistert sind – in jedem Alter. Das scheint ja gerade das Gegenteil von dem zu sein, was wir am Anfang behauptet haben, nämlich dass die Volksmusik in Deutschland unpopulär sei.
Fr. Moser: Auch bei uns an der Universität wird die echte Volksmusik für immer mehr Leute interessant. Im Gegensatz zu der immer gleich klingenden englischsprachigen Musik aus Radio und Fernsehen ist diese Musik irgendwie realistischer, authentischer. Gerade in einer Zeit wie heute, wo die Welt immer mehr globalisiert wird, suchen die Menschen wieder verstärkt nach etwas, was ihnen eine Heimat gibt. Diese Heimat finden sie in ihrer Muttersprache und in ihrer traditionellen Musik wieder.
Hr. Burgstaller: Vor diesem Hintergrund muss man auch sehen, dass die Region, in der die Menschen leben, für sie immer wichtiger ist. War man früher Deutscher oder Österreicher, so ist man heute vielleicht lieber Sachse oder Tiroler. Die volkstümliche Musik kann also auch verstanden werden als eine Protestbewegung gegen die Globalisierung.
Moderatorin: Gibt es auch junge Volksmusik, Frau Moser?
Fr. Moser: Ja, natürlich. Die neue Volksmusik konzentriert sich jedoch noch viel stärker auf bestimmte Regionen. Sie wird oft auch in dem Dialekt einer bestimmten Region gesungen. Besonders in Köln oder München gibt es ständig neue Bands, deren Lieder der Volksmusik zuzuordnen sind.
Hr. Burgstaller: In Österreich gab es seit Ende der sechziger Jahre bereits die sogenannten Liedermacher, die im Wiener Dialekt oft sehr erfolgreich Lieder und Balladen gesungen haben. Heute kann ich die Entwicklung hin zur Region auch für Österreich bestätigen.
Moderatorin: Damit wir noch einige Musikbeispiele anhören können, muss ich die Diskussion an dieser Stelle leider beenden. Frau Moser, Herr Burgstaller, ich bedanke mich bei Ihnen für das interessante Gespräch.

Audioliste

Track	Aufgabe	Länge
1	Modelltest 1 Hören Teil 1, Beispiel	1:13
2	Modelltest 1 Hören Teil 1, Nummer 1	1:03
3	Modelltest 1 Hören Teil 1, Nummer 2	0:49
4	Modelltest 1 Hören Teil 1, Nummer 3	0:56
5	Modelltest 1 Hören Teil 1, Nummer 4	0:52
6	Modelltest 1 Hören Teil 1, Nummer 5	0:57
7	Modelltest 1 Hören Teil 2	3:38
8	Modelltest 1 Hören Teil 3	3:43
9	Modelltest 1 Hören Teil 4	6:05
10	Modelltest 2 Hören Teil 1, Beispiel	1:24
11	Modelltest 2 Hören Teil 1, Nummer 1	0:54
12	Modelltest 2 Hören Teil 1, Nummer 2	0:58
13	Modelltest 2 Hör en Teil 1, Nummer 3	0:46
14	Modelltest 2 Hören Teil 1, Nummer 4	0:50
15	Modelltest 2 Hören Teil 1, Nummer 5	0:56
16	Modelltest 2 Hören Teil 2	3:26
17	Modelltest 2 Hören Teil 3	3:44
18	Modelltest 2 Hören Teil 4	6:53
19	Modelltest 3 Hören Teil 1, Beispiel	1:15
20	Modelltest 3 Hören Teil 1, Nummer 1	0:54
21	Modelltest 3 Hören Teil 1, Nummer 2	0:41
22	Modelltest 3 Hören Teil 1, Nummer 3	0:43
23	Modelltest 3 Hören Teil 1, Nummer 4	0:47
24	Modelltest 3 Hören Teil 1, Nummer 5	0:43
25	Modelltest 3 Hören Teil 2	4:04
26	Modelltest 3 Hören Teil 3	3:24
27	Modelltest 3 Hören Teil 4	6:17
28	Modelltest 4 Hören Teil 1, Beispiel	1:17
29	Modelltest 4 Hören Teil 1, Nummer 1	0:45
30	Modelltest 4 Hören Teil 1, Nummer 2	0:38
31	Modelltest 4 Hören Teil 1, Nummer 3	0:57
32	Modelltest 4 Hören Teil 1, Nummer 4	0:58
33	Modelltest 4 Hören Teil 1, Nummer 5	0:52
34	Modelltest 4 Hören Teil 2	4:08
35	Modelltest 4 Hören Teil 3	3:36
36	Modelltest 4 Hören Teil 4	5:57

! In der Prüfung werden die Texte aus Hören Teil 1 und Hören Teil 4 immer zweimal vorgespielt. Diese Wiederholungen sind nicht in den Audios enthalten - spielen Sie deshalb die Audios zweimal ab.
Auch die Zeit zum Lesen der Aufgaben ist in der echten Prüfung länger als in den Audio-Dateien; bei Hören Teil 1 haben Sie jeweils 10 Sekunden Zeit, um die Aufgabe zu lesen; bei den Teilen 2, 3 und 4 je eine Minute.
Die Audios stehen digital zur Verfügung (siehe Seite 1).

Audio-Impressum

Sprecher: Robert Atzlinger, Manuel Flach, Godje Hansen, Regina Lebherz, Stephan Moos, Barbara von Münchhausen, Mario Pitz, Michael Speer, Johannes Wördemann

Regie: Katharina Theml
Tontechnik: Marcel Schechter
Produktion: Bauer Studios GmbH, Ludwigsburg

Bildquellen
Fotolia.com (Andres Rodriguez), **69.2, 87.2;** (ARochau), **86.1;** (beermedia), **31.3;** (contrastwerkstatt), **32.1;** (detailblick), **31.2;** (DOC RABE Media), **68.2;** (F.Schmidt), **68.1;** (Flashgaz), **51.2;** (Gina Sanders), **87.1;** (Heiko Kiera), **70;** (karuka), **51.1;** (lassedesignen), **31.1;** (lowtech24), **50.1, 50.2;** (maksymowicz), **69.1;** (Markus Bormann), **86.2;** (Robert Kneschke), New York, **32.2**

Textquellen
„Helles Köpfchen, Lichtstarke Outdoor-Lampen" © Neue Zürcher Zeitung, 11. Januar 2013, **36**
„Wie das Burgenland Eisbären schützt" © KURIER RedaktionsgesmbH & Co. KG, Wien, **37**
„Orchideen pflegen" © Blomenkamp Reysen GbR, Duisburg, **43**
„Berufspraktikum und Berufsberatung in der Mittelstufe" © Schlossgymnasium, Mainz, **55**
„Anleitung SBB-Billettautomat mit Touchscreen" © Schweizerische Bundesbahnen SBB, **79**